ココミル
cocomiru

横浜 中華街

YOKOHAMA

すてきな思い出
作りましょ♪

海が主役の街 YOKOHAMAで
今日は1日何しよう？

スカイカフェ(P22)
のスカイフロート

横浜は、新しさと懐かしさが同居する不思議な街。
汽笛の音が聞こえてきたら、旅の始まりです。

ありあけハーバースタジオ
(P21)の横濱ハーバー

山下公園(P50)の風景　　スカイカフェ(P22)のスカイビュー(左)と天空(右)　　赤レンガ倉庫(P16)の幸せの鐘

赤レンガ倉庫(P16)

マリンタワーショップ
(P58)のブルーダル
マーブル

BLUE BLUE
YOKOHAMA(P59)
のBLUE BLUE
ショットグラスアンカー

よこはまコスモワールド
(P40)の夜景

Bayu Factory
YOKOHAMA(P17)の
赤レンガ店オリジナル馬油

リニューアルした名所や
運河を渡る都市型ロープウェイ。
最新の横浜に、ワクワクドキドキ。

アニタッチ
みなとみらい
(P23)

大さん橋(P48)

YOKOHAMA AIR CABIN(P30)

上:横浜中華街(P62)の善隣門

老維新(P76)の
元祖パンダまん

ランチはやっぱり中華街?
それとも、海が見えるカフェ?
あのスイーツはインスタにアップしよう。

横浜中華街(P61)

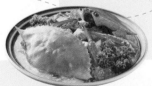

興昌(P69)の
渡り蟹の炒め

ROUROU(P82)の
パンダティッシュポーチ

左:S/PARK Cafe
(P27)のスムージー
右:開華楼(P80)の
バタフライピー

MARINE&WALK YOKOHAMA
(P25)のエンジェルウィング

悟空茶荘(P78)のお茶

山手十番館(P104)

えの木ていスイーツスタンド(P93)の
えの木ていグルメシフォン

デアクライネラーデン
東京(P92)の
ペーパータオル

ベーリック・ホール(P102)

あちこちで異国の香りを感じるのも
横浜の好きなところ。
素敵な洋館へお邪魔します。

ブラフベーカリー
(P98)のパン

竹中(P92)の
ウサギの置物

エリスマン邸(P103)

11:00 みなとみらい駅

近未来的なみなとみらい駅はみなとみらい東急スクエアに直結。横浜の旅はここから出発!

お買い物が楽しみです

おしゃれなお店が集結するみなとみらい東急スクエア(☞P24)。お気に入りを探そう。

シービューランチ

ブッフェ・ダイニング「オーシャンテラス」(☞P33)で海を眺めながらできたて料理を堪能。

カップヌードル
14:00 ミュージアム 横浜

ユニークな展示がいっぱいのカップヌードルミュージアム 横浜(☞P29)は大人も楽しめる施設。

横浜
15:00 ハンマーヘッド

新港ふ頭にある横浜ハンマーヘッド(☞P20)には、ファクトリー併設のお店がいっぱい。

自分だけのおみやげを

ありあけハーバースタジオ(☞P21)で写真とメッセージ入りの「myハーバー」を作ろう。

16:00 横浜赤レンガ倉庫

横浜赤レンガ倉庫(☞P16)でお買い物。目当てはここでしか買えない限定グッズやお菓子。

UNI COFFEE ROASTERY 横浜赤レンガ倉庫(☞P19)の甘〜いパフェでパワーチャージ。

YOKOHAMA
17:00 AIR CABIN

運河パークからYOKOHAMA AIR CABIN(☞P30)に乗って、桜木町駅前まで空中散歩♪

18:00 みなとみらい

横浜ランドマークタワー 69階展望フロア「スカイガーデン」(☞P38)で夜景を堪能。

夜景ディナー

スカイラウンジ「シリウス」(☞P37)で、横浜港の夜景を見下ろしながら贅沢なディナーを。

おやすみなさい

みなとみらいには横浜ロイヤルパークホテル(☞P113)などステキなホテルがたくさん。

1泊2日で
とっておき横浜の旅

横浜の観光ハイライトを満喫できるプランをご紹介。
海沿いをおさんぽしたり、洋館カフェでひと休みしたり。
中華街のグルメやかわいいおみやげ探しも楽しみです。

10:00 横浜港大さん橋 国際客船ターミナル **11:00 山下公園**　　　　　　　　　　　　**12:30 中華街**

みなとみらい線やバス(☞P124)に乗って、絶景スポットの大さん橋(☞P48)へ。

山下公園(☞P50)までののんびりお散歩。係留している日本郵船氷川丸(☞P51)にも注目を。

横浜マリンタワー(☞P51)展望フロアへ行って360度のパノラマビューを楽しもう。

横浜きってのグルメスポット、中華街に到着。パワフルな熱気であふれる街を散策(☞P61)。

煌びやかです　　　　　中華街でランチ　　　　**14:30 山手**　　　　　　　かわいいインテリア

中華街を守る関帝廟(☞P84)へお参り。良縁、開運、健康…。何をお願いするか迷っちゃう。

菜香新館(☞P74)で、おいしいものをちょっとずつ味わえる飲茶コースをいただきます。

あかいくつバス(☞P125)を使い山手へ。公園やエキゾチックな洋館を巡ろう(☞P100)。

イギリス人が暮らしたベーリック・ホール(☞P102)。乙女心をくすぐるインテリアが素敵。

15:30 元町　　　　　　　　　私へのおみやげ探し　　　　　**18:30 元町・中華街駅**

洋館カフェのえの木てい 本店(☞P106)へ。薔薇の香るスィートロールケーキを。

元町通り(☞P90)でお買い物。有名ブランドの本店は忘れずにチェックしましょう。

高級な食器が並ぶタカラダ元町本店(☞P91)でエレガントなプレートをお買い上げ♪

元町と中華街から駅はすぐそこ。名残り惜しいけれど横浜に別れを告げ、帰路の途へ。

アクティブに楽しめます

横浜の旅が2度目の人は郊外もおすすめです

キュートな海の仲間が勢揃いでお出迎え♪

横浜・八景島シーパラダイス(☞P116)は、海に浮かぶ島そのものがレジャー施設。水族館・アクアミュージアムには約700種の生きものを展示。

珍獣も観察できるアニマルウォッチング

日本屈指の広さを誇るよこはま動物園ズーラシア(☞P118)。約100種の動物の中には、オカピやアカアシドゥクラングールなど珍しいものも。

横浜って
こんなところ

海沿いにみどころがぎゅっと凝縮。近代的なみなとみらいから洋館が立ち並ぶ山手までお散歩気分で巡れます。

4つの観光エリアごとに特徴があります

南北に広がる4つのエリアが観光のメインスポット。それぞれに個性があり、エリアごとに雰囲気ががらりと変わる。最新レジャーや買い物がお目当てならみなとみらい、開港当時の風情を楽しむなら馬車道・山下公園周辺と、目的に合わせてエリアを選ぼう。

みなとみらい線の各駅を基点に徒歩で巡ろう

横浜のメインスポットを横断するように走るのが、みなとみらい線。隣り合うエリアなら徒歩で移動できる横浜だが、みなとみらいから中華街など、大きな移動が必要なときは便利。名所も比較的駅から近い場所に点在。

みなとみらい線アクセスはやわかり

- 横浜駅
  - 電車3分
- みなとみらい駅
  - 徒歩3分
- ランドマークタワー
- 赤レンガ倉庫
  - 電車2分
- 馬車道駅
  - 徒歩6分
  - 徒歩6分
- 山下公園
  - 電車1分
  - 徒歩3分
- 日本大通り駅
  - 徒歩4分
- 港の見える丘公園
  - 電車2分
- 中華街朝陽門
  - 徒歩1分
- 元町・中華街駅
  - 徒歩5分

よこはまえき
観光の起点はココ
横浜駅 ★

横浜駅はみなとみらい線のほか、JRや東急東横線、京急線など主要な交通網が集結している。郊外へ移動する際の乗り換えにも便利。

みなとみらい
みなとみらい ①

・・・P13

ショッピングモールや美術館が集まる近代的なエリア。ランドマークタワーや赤レンガ倉庫などの名所観光や、美しい夜景も観賞できる。

◀万国橋から眺めたみなとみらいの夜景
▼横浜赤レンガ倉庫にはショップやレストランが

ばしゃみち・やましたこうえん
馬車道・山下公園 ②

・・・P43

開港時の雰囲気を色濃く残すエリア。歴史的建造物が並ぶハイカラな雰囲気の日本大通りや、海を望む山下公園では散策を楽しもう。

▼馬車道にはさまざまなガス灯が並ぶ

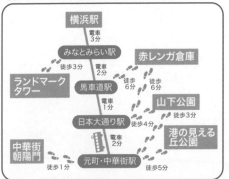

▲山下公園（☞P50）には各国を旅した氷川丸が係留

相鉄本線
横浜
東急東横線
①
戸部
西
京浜急行本線
野毛山動物園
野毛山公園
黄金町
吉野町

ちゅうかがい中華街 ③

···P61

中華街大通りに並ぶ老舗料理店や、路地裏の個性的な名物料理店で中国料理を味わおう。肉まんなどのテイクアウトや中国雑貨もチェック。

◀善隣門は、名店が並ぶ中華街大通り入口に立つ
▼北京ダックで有名な横浜中華街 北京飯店(☞P64)

もとまち・やまて元町・山手 ④

···P87

ブランドショップが並ぶ元町には、おしゃれなカフェや上品なレストランも多い。山手エリアには明治〜昭和期の洋館が点在する。

▲物語に登場しそうな外交官の家(☞P102)
◀「えの木ていスイーツスタンド」(☞P93)のえの木てい グルメシフォン

ひと足のばして

郊外のみどころも豊富です

よこはま・はっけいじましーぱらだいす横浜・八景島シーパラダイス

テーマの異なる4つの水族館と多彩なアトラクションが楽しめる海洋レジャー施設。約700種12万点の海の仲間が集合し、見ごたえ充分。☞P116

よこはまどうぶつえんずーらしあよこはま動物園ズーラシア

広大な敷地に約100種600点以上の動物が暮らす。動物の生息環境に近づけるため、園内は緑があふれ、探検気分で見学できる。☞P118

さんけいえん三溪園

約17万5000㎡の園内に、和の風情が漂う17棟の歴史的建造物が点在する日本庭園。花の名所でもあり、四季折々の情景を楽しめる。☞P120

ココミル✤
cocomiru

横浜
中華街

Contents

横浜へ旅するまえに知っておきたいこと

日本有数の港町横浜には、異国情緒漂うみどころからグルメまで楽しみいっぱい。おでかけ前に予習して旅を充実させましょう。

横浜ってどんなところ?

開港から160年以上の歴史をもつ港町。横浜港の周辺に広がるみなとみらい、中華街、馬車道・山下公園、元町・山手が観光の中心です。

どうやって行くの?

東京から横浜までは電車で30分ほど。関西からは新幹線を使い、新横浜駅で乗り換えを。羽田空港から直通バスも運行しています。

観光にどれくらいかかる?

目的地を絞れば、日帰りでも十分満喫できます。各エリアをまんべんなく回るなら、1泊するのがベター。美しい夜景も楽しみましょう。

中華街は食べ放題の店もいっぱい(☞P72)

海沿いに名所が集まるので、散歩も気持ちいい

初めての横浜ではずせないのは?

横浜赤レンガ倉庫や山下公園、中華街は横浜を代表する名所。歴史や異国情緒を感じたいなら、馬車道周辺や山手エリアがおすすめです。

BAYSIDE BLUE (☞P125) などのバスも移動に便利

横浜グルメのおすすめは?

日本最大級のチャイナタウン、中華街は、本格中華もテイクアウトフードも充実。シービューや夜景が楽しめるレストランもマストです。

ショッピングに行くならどこ?

みなとみらいには、トレンドが集まる大型ショッピングモールがずらり。元町には横浜生まれのブランドショップが軒を連ねています。

横浜の今がギュッと詰まっています
まずはみなとみらいへ出かけましょう

憧れのブランドショップでショッピングを満喫したり、
最新で多彩なエンターテイメント施設を巡ったり、
話題のおしゃれカフェでスイーツタイムを楽しんだり……。
みなとみらいには旬の横浜がぎっしり詰まっています。

これしよう！
港が輝く
夜景を観賞

高層ビルや観覧車が光で彩られ、街全体が美しい夜景に包まれる。(☞P38)

これしよう！
大型商業施設で
ショッピング

ファッションや雑貨の人気店が目白押し。お買いものパラダイス。(☞P20〜25)

これしよう！
レトロ建築に
心ときめく

築100年を超える横浜赤レンガ倉庫は建築にも注目の施設。(☞P16)

おしゃれグッズ探しも楽しみ

横浜の"旬"が凝縮される最新エリア

みなとみらい
みなとみらい

こんなところ

横浜港のウォーターフロントに高層ビルが並ぶ一大エリア。最新のショップが入る大型商業施設をはじめ、ミュージアムやアミューズメント施設が集まる。観光の中心・横浜赤レンガ倉庫は、レトロな建物をいかしたカフェやショップが充実。ビルや観覧車がきらめく美しい夜景も一見の価値あり。

みなとみらいはココにあります！

横浜
みなとみらい
みなとみらい
・横浜赤レンガ倉庫
桜木町

access

●横浜駅から
横浜駅からみなとみらい線でみなとみらい駅まで3分、JR根岸線で桜木町駅まで3分

問合せ
☎045-211-0111
桜木町駅観光案内所
広域MAP
付録P5B2〜C3

観光のヒント
**エリア間の移動は
シーバスがおすすめ**

海を走る水上バス。ハンマーヘッドとピア赤レンガに乗り場が。(☞P31)

みなとみらい

新高島駅
高島中央公園
・資生堂 S/PARK
横浜へ
KT Zepp
Yokohama

・横浜ベイコート倶楽部
ホテル&スパリゾート

臨港パーク

横浜港

・パシフィコ横浜

高島町駅

神奈川大

5 みなとみらい東急スクエア
（☞P24）

みなとみらい駅
・MARK IS
みなとみらい
みなとみらい21

ウェスティン
ホテル横浜
ぴあアリーナ
MM
横浜美術館

横浜
ロイヤルパークホテル

みなとみらい
出入口

横浜ランドマークタワー
6 69階展望フロア「スカイガーデン」
（☞P38）

帆船日本丸

掃部山公園

ヨコハマ グランド
インターコンチネンタル
ホテル

国際橋

横浜みなとみらい
・万葉倶楽部

3 横浜ハンマーヘッド
（☞P20）

Pecorino Market&
Restaurant
4（☞P35）

カップヌードルミュージアム 横浜
MARINE & WALK
YOKOHAMA

・横浜ワールド
ポーターズ

2 横浜赤レンガ倉庫
（☞P16）

新港ふ頭へ

ぶかりさん橋

よこはま
コスモワールド

アニヴェルセル
みなとみらい横浜

ピア赤レンガ

コレットマーレ

1 YOKOHAMA AIR CABIN
（☞P30）

運河パーク駅
ナビオス横浜

桜木町駅

CIAL桜木町
桜木町駅観光案内所

横浜市役所

馬車道駅

・万国橋

アパホテル
&リゾート
・ザ・タワー横浜北仲

新港橋

象の鼻パーク

・日本郵船
歴史博物館

横浜税関

横浜港大さん橋
国際客船ターミナル

プリーズベイ
ホテル
リゾート&スパ

神奈川県立
歴史博物館

関内駅

関内駅

野毛山公園

日ノ出町駅

神奈川県庁
本庁舎

県庁前

神奈川県庁

日本大通り駅

中区役所

横浜公園

横浜スタジアム

山下公園

元町・中華街へ

0　200m

ひと休みもできる
運河沿いの汽車道
桜木町駅前と新港地区を結ぶ遊歩道。ところどころにベンチも。

駅直結で便利な
桜木町駅観光案内所
桜木町駅南改札前にあり、観光や宿泊案内を行う。🕙10〜17時
🈡無休
☎045-211-0111
MAP 付録P9B4

おすすめコースは
5時間30分 🕐

まずはみなとみらいのシンボル、横浜赤レンガ倉庫へ。商業施設でのランチとショッピングを満喫したら、コースの最後は美しい夜景を。各施設の位置を把握して効率よく回りたい。

スタート → JR桜木町駅
徒歩すぐ
1 遊ぶ YOKOHAMA AIR CABIN
徒歩6分
2 見る 横浜赤レンガ倉庫
徒歩すぐ
3 買い物 横浜ハンマーヘッド
徒歩すぐ
4 食べる Pecorino Market&Restaurant
徒歩14分
5 買い物 みなとみらい東急スクエア
徒歩5分
6 見る 横浜ランドマークタワー69階展望フロア「スカイガーデン」
徒歩7分
ゴール → JR桜木町駅

横浜赤レンガ倉庫で見つける
わたしのお気に入り

2022年12月に開業後初のリニューアルを果たした横浜・港町のシンボル。
2つの倉庫にオープンした個性豊かなお店で、ショッピングを楽しみましょう。

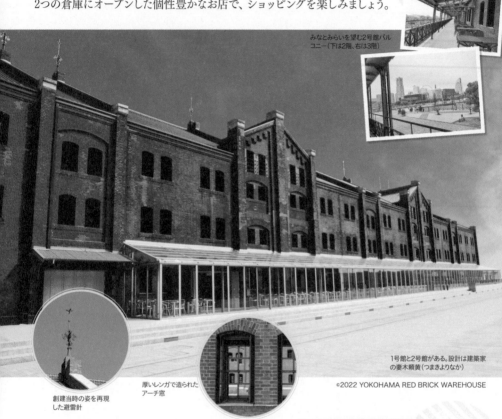

みなとみらいを望む2号館バルコニー（下は2階、右は3階）

1号館と2号館がある。設計は建築家の妻木頼黄（つまきよりなか）

©2022 YOKOHAMA RED BRICK WAREHOUSE

創建当時の姿を再現した避雷針

厚いレンガで造られたアーチ窓

よこはまあかれんがそうこ
横浜赤レンガ倉庫

100年以上の歴史をもつ人とモノが集まる倉庫

かつての横浜港の倉庫を活用した文化・商業施設。「BRAND NEW "GATE"」をコンセプトに、ショップや飲食店など計66店舗が集結。横浜や神奈川の企業も多数出店している。

☎045-227-2002（2号館インフォメーション）住横浜市中区新港1-1 営1号館10～19時、2号館11～20時（店舗により異なる）休無休 交みなとみらい線馬車道駅、日本大通り駅から徒歩6分 P179台（有料）MAP付録P8E3

横浜赤レンガ倉庫歴史年表

明治44年 (1911)	大正2年 (1913)	大正12年 (1923)	平成元年 (1989)	平成4年 (1992)	平成14年 (2002)	令和4年 (2022)
現在の2号館が完成	現在の1号倉庫が誕生、保税倉庫として活躍	関東大震災で1号倉庫が半壊	倉庫の役割を終える	横浜市が国から取得し、保全活動がスタート	文化・商業施設としてオープン	リニューアルオープン

16

年間を通して
さまざまな
イベントを開催

イベント広場では、季節ごとにさまざまな催しが開催されます。秋のドイツビールの祭典「横浜オクトーバーフェスト」(写真)やクリスマスマーケットは定番。
©2022 YOKOHAMA RED BRICK WAREHOUSE

リッチな味わいのバターサンド
ジャンドゥーヤ
1個 480円 Ⓑ

赤レンガ限定エディション
3個入り 1560円 Ⓑ
赤レンガ倉庫限定のジャンドゥーヤと、あんバター、レモンがセットに

アートなクラフトチョコレート
タブレットチョコレート
赤レンガ倉庫パッケージ
1枚900円 Ⓐ
ベネズエラのチュオア産カカオ豆から作るカカオ70%のチョコレート

フルーツとナッツがぎっしり
フルーツケーク
3500円 Ⓑ
洋酒に漬け込んだフルーツやナッツを、生地にふんだんに混ぜている

丈夫で使い勝手バツグン
手描きのカードケース
2750円 Ⓒ
絵画で使用するキャンバス布に手描きでペイント。すべて1点もの

耳元で揺れる赤レンガ倉庫
赤レンガイヤリング
1980円 Ⓒ
レンガの質感が伝わるような、手作りならではの温かみがある

全身のお肌がしっとり
赤レンガ店オリジナル馬油
各1100円 (3個2200円) Ⓓ
高い保湿力を持ち、肌に潤いを与える。赤レンガ倉庫限定パッケージ

2号館1階
しょこら みーつ
Chocolat Meets Ⓐ
横浜発クラフトチョコレート

フェアトレードで購入したカカオ豆で作るBean to Barチョコレートブランド。初の直営店では、アーティストが手がけた店舗限定パッケージで販売。
☎045-225-8205

2号館1階
ふふなーげる
Huffnagel Ⓑ
洋菓子の「かをり」が手がける

「かをり」新ブランドのコンセプトは"時空を結ぶホテル"。オーツクッキーを使ったバターサンドは10種類。アンティーク調のパッケージも素敵。
☎045-305-4441

2号館1階
ものとあーと
ものとアート Ⓒ
アートな雑貨とアクセサリー

若手アーティストによる雑貨や文具、アクセサリーなどを販売。手描きや手作りならではの1点ものが揃っている。赤レンガ限定商品もチェック。
☎045-305-6639

2号館2階
ばーゆ ふぁくとりー よこはま
Bayu Factory YOKOHAMA Ⓓ
馬油スキンケアグッズ専門店

元町「横濱馬油商店」の新業態。馬油配合の無添加で肌にやさしいスキンケアグッズを販売。写真入りオリジナルバームも作れる(4個+ボックス付き5610円、要予約)。
☎045-323-9960

 1号館1階には歴史展示スペースがあります。赤レンガ倉庫の歴史や遺構をデジタルサイネージのスライドショーなどで紹介。

レトロな雰囲気の中で味わう
横浜赤レンガ倉庫のグルメに注目！

横浜赤レンガ倉庫には100年以上前のレンガ造りの建築を生かしたレストランやカフェがたくさん。特別な雰囲気の中で味わうランチやスイーツは格別のおいしさです。

横浜赤レンガ倉庫のDATAはP16をcheck

ウッディな空間は落ち着いて過ごせる

2号館1階

店舗限定

アーモンド
チョコレート
アップルパイ
800円
アーモンドクリームに
濃厚なチョコレートを
合わせた店舗限定品。
アイス、ソース付き

ぐらにーすみす　あっぷるぱい　あんど　こーひー
GRANNY SMITH
APPLE PIE & COFFEE

こだわりのアップルパイ専門店

青森と長野で育ったリンゴをたっぷり詰め込んだアップルパイは、「おばあちゃんの味」がコンセプト。定番と店舗限定を含め、常時約8種類用意する。テイクアウトも可能だ。
☎045-264-9981 ⏰11〜21時(20時30分LO)

2号館3階

人気メニュー

しょうぐん　ばーがー
SHOGUN BURGER

焼肉店が手がけるバーガースタンド

自慢のパティは、旨みの強い黒毛和牛のスネ肉を使用。ミンチは冷凍せず、そのまま熱々の鉄板に押しつぶす「スマッシュ製法」で焼く。オリジナルのソースもパティを引き立てる。
☎045-306-7567 ⏰11〜23時

ダブルチーズバーガー
2180円
肉汁あふれるパティとチェ
ダーチーズのバランスが
絶妙な看板メニュー

ロゴが引き立つシンプルな空間

ミルクスイーツを楽しみましょう

「MILK MARCHÉ」では、日本有数の産地の生乳を使った乳・乳製品と、季節の素材を使用したデザートを販売しています。ミルク本来のおいしさを堪能して。4.0牛乳のソフトクリーム400円。
☎045-650-8707 ⏰11〜20時

`2号館3階`

でぃずにー はーべすと まーけっと ばい かふぇ かんぱにー

Disney HARVEST MARKET By CAFE COMPANY

ディズニーの世界観を楽しめるカフェ

「Japan Local」をコンセプトに、カロリーや栄養バランスに配慮したヘルシーなメニューを提供。ミッキーマウスをイメージしたスタチューをはじめ、店内にはキャラクターのモチーフが散りばめられている。ギフトショップも併設。©Disney
☎050-3184-2711 ⏰11〜21時（変動あり）

ビンテージ感のあるインテリア

横浜ナポリタン（モッチリーニ）1300円
ブラックポルトクサンデー 1500円

ミッキーマウスやドナルドダックなどをイメージした料理が揃う

キャラクターをイメージした個室もある

ドナルドダックデザインのアーモンドチョコレート 950円

もちもちの生パスタとチョコレートたっぷりのパフェ
`店舗限定`

アフタヌーンティーセット
3850円〜（1名分）
※オーダーは2名から。内容は季節ごとに変更。写真はイメージ

`1号館1階`

ゆに こーひー ろーすたりー よこはまあかれんがそうこ

UNI COFFEE ROASTERY 横浜赤レンガ倉庫

横浜発ロースタリーでひと息

横浜エリアを中心に、それぞれ異なるコンセプトで展開するカフェ。赤レンガの風合いを生かしたブルックリンスタイルの空間で、水出しコーヒー530円〜や限定フードを楽しめる。
☎050-3187-9986 ⏰9時〜19時30分LO

`2号館1階` **フードコートがパワーアップ**

6つの店舗が入ったフードコート。くつろげるソファ席やハイカウンターなど、ゾーンごとにインテリアや照明で空間を演出する。デジタルサイネージも増設。

明るいテラス席でも食事ができる

ほんかくぱえりあせんもんてん まりお

本格パエリア専門店 MARIO

野毛のスペイン料理店が手がけるパエリア専門店。オマール海老のだしで作ったブイヨンと、魚介のだしが染み込んだパエリアは絶品。
☎045-211-4117 ⏰11〜21時（20時30分LO）

コチラもおすすめ！

海の幸のパエリア 1900円
海老、ムール貝、ホタテなど具だくさん

📖 みなとみらいや横浜港を一望するバルコニー席を設けた店舗もあります。海風感じながら食事を楽しみましょう（3〜11月営業）。

横浜ハンマーヘッドの限定品をチェック!
ファクトリー見学&体験も♪

新港ふ頭の客船ターミナルにある、「食」がテーマの商業施設とホテルを備えた複合施設。
ファクトリー併設のショップで、限定スイーツや体験プログラムを楽しみましょう。

よこはまはんまーへっど
横浜ハンマーヘッド

ファクトリーを併設する
神奈川発の名店がずらり

新港ふ頭を100年以上見守る歴史的遺構「ハンマーヘッド」がシンボルの複合施設。飲食店を中心に、約20店が集まる商業施設内には、体験型ファクトリーを併設する店舗もある。地元銘菓の製造工程を見学したり、オリジナルのおみやげを作ったり、どれもここでしかできない体験ばかり。限定品もお見逃しなく。

☎045-211-8080 🏠横浜市中区新港2-14-1 🕐店舗により異なる 🈶不定休 🚉みなとみらい線馬車道駅から徒歩10分 🅿350台(有料) 🗺付録P8E2

みなとみらいや横浜港の夜景がステキ

ハンマーヘッドって?

大正3年(1914)に整備された日本初の湾港荷役船用クレーン。金づちに似た形状が名前の由来。

停泊する大型客船を間近で見られることも

鎌倉紅谷
Kurumicco Factory 2階

かまくらべにや くるみっこ ふぁくとりー

大人気の「クルミッ子」のすべてがわかる

ショップ・カフェも併設するファクトリーでは、鎌倉生まれの大ヒット商品「クルミッ子」を1日2万5000個以上製造。キャラメル作りから生地生成、焼き上げ、個包装まで、ほぼすべての工程を公開している。

☎045-263-9635 🕐11〜20時(土・日曜、祝日は10時〜。カフェは全日11〜19時LO)

横浜ハンマーヘッド限定
クルミッ子
5個入り767円

限定スイーツを
CHECK!

体験DATA
ファクトリー見学
💰見学無料 🕐11〜18時

店の外や中から見られる。午前中がおすすめ

The Factory's
クルミッ子パフェ
920円

海を望むホテルのレストラン

ホテル「InterContinental Yokohama Pier 8」（☞P111）のレストラン「Lar board」では、ランチコース4500円〜や、軽食などのテラス限定メニューも楽しめます。
☎045-307-2228 (MAP)付録P8E3

ありあけハーバースタジオ 2階
ありあけはーばーすたじお

自分だけの「myハーバー」をおみやげに

横浜銘菓「横濱ハーバー」でおなじみ「ありあけ」の新業態店。パッケージに写真やメッセージを入れた「myハーバー」を作れるほか、店内では焼きたてハーバー220円〜なども味わえる。
☎045-228-8234 ⏰11〜20時（土・日曜、祝日は10時〜）

工房で作られるハーバーの甘い香りが漂う

> 限定スイーツを
> CHECK！

ハーバーソフト
660円
（テイクアウトは648円）

「myハーバー」では豪華客船・クイーンメリー2を模したパッケージにハーバーなど3個が付く

体験DATA
myハーバー作り
¥1000円
⏰11〜20時
（土・日曜、祝日は10時〜）

VANILLABEANS THE ROASTERY 2階
ばにらびーんず ざ ろーすたりー

> 限定スイーツを
> CHECK！

チョコのテイスティングにも挑戦

カカオ焙煎所がある横浜発のBean to Barチョコレート店で、ショップ、カフェを併設する。チョコレートを順に食べていき、そのうち1粒がどこの産地かを当てる「利きチョコ」が体験できる。
☎045-323-9007 ⏰11〜20時

系列店のすべての板チョコを製造

フレーバーチョコレートを含め全部で13粒の利きチョコ体験ができる（内容はカカオ豆の仕入れ状況により変動）

バニラビーンズパルフェ
ザ ロースタリー
1980円（1日5食限定、14〜18時）

体験DATA
チョコレートジャーニー
¥1265円
⏰11〜18時LO

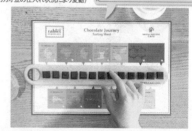

SNS映えカフェでブレイク

水信ブルック＆ファクトリー 2階
みずのぶぶるっくあんどふぁくとりー

フルーツが主役の贅沢なコース

果物の老舗「水信」が厳選したフルーツを味わえるサロン。デザイナーの水戸岡鋭治氏が手がけたラグジュアリーな空間で、フルーツ＆スイーツを紅茶やお酒とあわせて堪能できる。
☎045-263-9812 ⏰11〜21時（土・日曜、祝日は10時〜）

果物屋さんがつくるフルーツ＆スイーツのアフタヌーンティー5000円（数量限定、要予約）

ピーターラビット™ カフェ 2階
ぴーたーらびっと かふぇ

あの名作の世界観を味わえる

『ピーターラビット™』の世界観に浸れるカフェ。キャラクターをイメージしたメニューや、作者ビアトリクス・ポターの故郷・イギリスの料理をブッフェスタイルで味わえる。
☎045-264-6656 ⏰11〜20時（19時LO）

ピーターラビット™のガーデンブッフェ2530円〜

横浜市営バスでアクセスも可能。桜木町駅からは「ピアライン」、横浜駅からは「BAYSIDE BLUE」に乗車を。

エンタメスポット直結の
ショッピングモールも目が離せない

横浜随一の展望スポットからショップはもちろん、アミューズメント、映画館まで。
お買い物がてら多目的に楽しめるのが魅力です。

らんどまーくぷらざ
ランドマークプラザ

5層吹き抜けのモール

みなとみらいのシンボル、70階建ての横浜ランドマークタワーに隣接。ショップを中心に約160店で構成され、地下には飲食店街「みらい横丁」もある。

☎045-222-5015 住横浜市西区みなとみらい2-2-1 ①11〜20時（カフェ&レストランは〜22時、みらい横丁は〜23時。店舗により異なる）休無休 交みなとみらい線みなとみらい駅から徒歩3分 P1400台（有料）
MAP付録P9B3

すのーどーむびじゅつかん
スノードーム美術館 〔4階〕

ガラスの中の小さな世界

スノードームのコレクションは3000点以上。世界各国のスノードームを販売するほか、ワークショップも開催。

☎050-3479-8445

世界唯一のスノードーム常設美術館

展示品はシーズンごとに入れ替える

せかいのびーるはくぶつかん
世界のビール博物館 〔地下2階〕

ビール好きのパラダイス

直輸入の樽生ビールをはじめ、250種類以上のビールが集結。本場のバーカウンターを再現した店内で乾杯しよう。

☎045-664-2988

樽生ビール 890円〜
ドイツをはじめ、ビール大国の味を楽しめる

ミュージアムミートプラッター5種食べ比べ
ステックフリット　5918円
ビールがすすむ肉料理の盛り合わせ

よこはまらんどまーくたわー
69かいてんぼうふろあ「すかいがーでん」
横浜ランドマークタワー
69階展望フロア「スカイガーデン」 〔69階〕

地上273mの展望フロア

横浜の名所はもちろん、晴天時は富士山や東京スカイツリー®も見渡せる。雨や視界不良時にはお得なサービスも。

DATA ☞P38

「YOKOHAMA360°」がコンセプト

スカイカフェ

眺望をイメージしたドリンクやフードを販売。南西側にあり、美しい夕日が見られる。

スカイフロート 650円
ラムネ風味がさわやかなカルピスフロート

タワーショップ

横浜ランドマークタワーや横浜、船などにちなんだ商品が約600種類。限定品も販売。

横浜金平塔 各378円
タワーに降り注ぐ星をイメージした金平糖が入っている

横浜ブルク13で旬の映画を鑑賞しましょう

コレットマーレ6階にあり、全13スクリーン（うち1つが MAXシアター）、総2483席のラグジュアリー感あふれる映画館。併設のCafé Oaseでは名物の濱サンド600円〜をぜひ。
☎045-222-6222 MAP 付録P9B3

アニタッチみなとみらい 2階

かわいい動物に癒される

「伊豆シャボテン動物公園」が監修。約20種類、300匹以上の動物とふれあったり、エサやり体験したりできる。
☎045-225-8220 ¥1500円（土・日曜,祝日繁忙期は1800円）
ワオキツネザルは長〜いしっぽが特徴

青草が大好きなモルモット。エサは200円

よこはまわーるどぽーたーず
横浜ワールドポーターズ

アミューズメントが充実

延床面積10万㎡、約150店舗が並ぶ大型商業施設。動物ふれあい施設や映画館、ゴルフ場（☞P41）もある。ハワイにちなんだショップも豊富。
☎045-222-2000 住横浜市中区新港2-2-1 ◯10時30分〜21時（レストランは11〜23時。施設・店舗により異なる）休無休 交みなとみらい線馬車道駅から徒歩5分 P1000台（有料）MAP 付録P8D3

ぐらまらす すもーくど ばーべきゅー いぶる
GLAMOROUS SMOKED BBQ iburu 屋上

野外BBQレストラン

BBQをしながら謎解きなどのエンタメコンテンツも楽しめる。エリア、BBQメニュー、ドリンクコースを選べる。
☎090-1767-9105

ライトアップした大観覧車が目の前に

手ぶらBBQコース スタンダード
3500円
（ドリンクは別料金、持ち込み不可）
スペアリブやソーセージ、野菜がセットに

これっとまーれ
コレットマーレ

桜木町駅直結の複合施設

アクセス抜群の大型ショッピングタウンには、最新トレンドのアパレルショップや雑貨店が集まる。眺望自慢のレストランも人気。
☎045-222-6500 住横浜市中区桜木町1-1-7 ◯11〜20時（レストランは〜23時。施設・店舗により異なる）休不定休 交JR・横浜市営地下鉄桜木町駅直結 P546台（有料）MAP 付録P9B3

#ワークマン女子 5階

365日活躍するウエア

どんな天候、シーンでも快適に過ごせるカジュアルウエアが揃う。機能的かつおしゃれなデザインも魅力的。
☎045-212-0737
店頭や店内にフォトスポットを設置

サーバーライトカーディガン
1500円
汚れにくい素材を使用。6色展開

撥水ライトプリーツスカート
1900円
右ポケットに収納できる。しわになりにくい素材

かーるうぁーん べい よこはま
CARVAAN BAY YOKOHAMA 7階

本格派アラビア料理を堪能

タジン料理をはじめとするアラビアの伝統料理を味わえる。イスタンブールを思わせる内装で、夜景も素敵。
☎045-306-8380

アラビアン・ランチ 4730円
4種類のタジンやチキンのシシュケバブなどが付く

定番のショッピングモールで
ショップクルーズ

みなとみらいには、まだまだ大型ショッピングモールが揃っています。
国内外の人気ブランドや雑貨店で、お気に入りを見つけましょう。

みなとみらいとうきゅうすくえあ
みなとみらい東急スクエア

タワー型ビルの商業エリア

みなとみらいの中心に位置する駅直結の大型複合施設。5つのエリアにファッション、インテリア、キャラクターグッズのショップや、絶景レストラン・カフェが出店。

☎045-682-2100 住西区みなとみらい2-3-2 営11〜20時（レストランは〜22時、店舗により異なる）休不定休 交みなとみらい線みなとみらい駅直結 P1700台（有料）MAP付録P9C2

まーく いず みなとみらい
MARK IS みなとみらい

みなとみらい最大規模の商業施設

コンセプトは「ライフエンタテインメントモール」。ファッション、ライフスタイルブランドや、注目度の高いグルメなど約180店が集結。

☎045-224-0650（10〜20時）住横浜市西区みなとみらい3-5-1 営10〜20時（金〜日曜、祝日、祝前日は〜21時）、レストラン＆カフェは11〜23時。店舗により異なる 休不定休 交みなとみらい線みなとみらい駅直結 P900台（有料）MAP付録P9C2

ひとはち
HITOHACHI ②1階

自分好みの鉢植えを作ろう

植物と鉢を選んで自由に組み合わせが可能。スタッフが生活環境に応じた植物を提案してくれる。植え替えにも対応。

☎045-264-8567

フィロデンドロン・グラジエラ
1980円
ハート形の葉がかわいい。暑さ・寒さに強く育てやすい

じゃーなる すたんだーど ふぁにちゃー
JOURNAL STANDARD FURNITURE 1階

センス抜群のインテリア

ファッションのようなスタイルを提案するインテリアブランド。オリジナルのほか国内外のセレクトアイテムも扱う。

☎045-227-5080

部屋のコーディネートの参考になる

ふらいんぐ たいがー こぺんはーげん
フライング タイガー コペンハーゲン ②1階

デンマーク発雑貨ショップ

キッチン、インテリア、文房具、パーティグッズなど、カラフルでユニークなアイテムが約2500点。ギフトにも最適。

☎045-323-9703

シボレザー三つ折り財布
各1万780円
日本製のレザーを使用。やさしいカラー展開

どぅ・せー
deux C ②階

暮らしを彩る雑貨＆小物

トレンドをほどよく取り入れたライフスタイルショップ。ワンランク上の日常雑貨やギフトアイテムが見つかる。

☎045-211-6120

ランチバッグ
20枚入り275円
ジッパー付きで食品を入れるのに便利。20枚入り

チョコチップクッキー
378円
ココナッツ風味のチョコクッキー。サクサクの食感

グレーズ マグカップ
各1650円
釉薬の自然な流れがポイント。全4色

MARINE & WALK YOKOHAMAの フォトスポットへ

海外で話題を呼んだ「エンジェルウイングス」の日本初の正式スポットは、横浜にあります。画家のコレット・ミラー氏手描きの羽は、入口と敷地内の2カ所。フォトジェニックな1枚が撮れること間違いなし。

まりん あんど うぉーく よこはま

MARINE & WALK YOKOHAMA

開放的なオープンモール

海に面した2階建てのモールに、海外のアパレルブランドやセレクトショップ、オーシャンビューのレストランなど約30店舗が揃う。

☎045-680-6101 住横浜市中区新港3-1-1 ⏰11〜20時（レストランは〜23時。店舗により異なる）休不定休 交みなとみらい線馬車道駅、日本大通り駅から徒歩9分 P89台（有料）MAP付録P8E3

ほてる ぱーる ないんてぃーん

HOTEL PEARL 19 ①階

心地よいモノが集まる

さまざまな国のモノやコトの"心地よさ"をテーマに発信するライフスタイルショップ。衣食住のアイテムを扱う。
☎045-225-8941

定期的にポップアップショップも展開する

Heather Brown『Rainbow Spray』
7150円
打ち寄せる波によって生まれた虹がテーマ

ぐりーんるーむ ぎゃらりー

GREENROOM GALLERY ①階

海を感じるアートが並ぶ

サーフ＆ビーチカルチャーを発信するアートギャラリー。オリジナルのビーチ雑貨やアパレルのアイテムも販売。
☎045-319-4703

ハワイに1号店がある

立ち寄り グルメスポット

ふぃっしゃーまんず まーけっと

FISHERMAN'S MARKET

シーフード料理を好きなだけ

クラムチャウダーやポキ丼、タラのグリーンソースなどのシーフード料理を中心としたビュッフェレストラン。大観覧車を望む立地も魅力。
☎045-228-2067
世界各国の料理を堪能できるフェアを順次開催する

ランチ2000円（土・日曜、祝日は2800円）

MARK IS みなとみらい地下4階
ゆに こーひー ろーすたりー
まーくいず みなとみらい

UNI COFFEE ROASTERY MARK IS みなとみらい

古き良き純喫茶をイメージ

ステンドグラスを模した設えなど、レトロな雰囲気のカフェでコーヒーブレイク。カヌレ280円〜ほかスイーツも揃う。
☎050-3623-2772
ストロベリー、マンゴー、スカイブルー、グリーンアップルの4種類

クリームソーダ700円〜

MARINE & WALK YOKOHAMA1階
ぱい ほりっく

Pie Holic

焼き立てのパイを楽しめる

カリフォルニアスタイルのパイ専門のレストラン。メインを選べる基本のランチセット2200円は、セイボリーパイ（惣菜パイ）が食べ放題に。
☎045-227-6777
ビーフ、オニオン、トマトが入った定番

ビーフミートパイ1210円

📖 各ショッピングモールには期間限定ショップが出店したり、イベントが行われたりするので、最新情報は各施設の公式サイトで確認を。

見て感じて体験する
個性派エンタメスポットへ

みなとみらいエリア初のプラネタリウムをはじめ、資生堂の複合体験施設や
京急電鉄のミュージアムなど、大人が楽しめるエンタメスポットが揃っています。

ここに注目！
スクリーン全面に設置されたLEDが臨場感あふれる映像を投映

スターリーボトル
・ブルーレモネード・1000円

こにかみのるたぷらねたりあよこはま

コニカミノルタプラネタリア
YOKOHAMA

**最新鋭のプラネタリウムで
スペーストリップに出発**

関東初のLEDドームシステム「DYNAVISION®-LED」を
導入したプラネタリウム。より高輝度な星空映像を再現し、
圧倒的な没入感を体感できる。常時複数の作品を上映し
ており、一部の作品はスマートフォンでの写真撮影が可能
（動画は不可）。宇宙空間をイメージした館内には、カフェ
やショップもある。

☎045-264-4592 住横浜市西区高島1-2-5 横濱ゲートタワー2
階 料一般シート1名1600円 時10時30分〜21時（土・日曜、祝日は10
時〜21時40分）※作品により異なる 休不定休（作品入替時）交みな
とみらい線新高島駅から徒歩1分 P185台（有料）MAP付録P7C2

cafe Planetaria
かふぇ ぷらねたりあ

宇宙をモチーフにしたドリンク
やスイーツはどれもフォトジェ
ニックで、横浜限定メニュー
も多く揃う。随時登場する
期間限定のメニューもチェッ
クしよう。

レッドプラネットアイスクリーム680円など

GALLERY
PLANETARIA
ぎゃらりー ぷらねたりあ

「銀河のどこかにある秘密の
ギフトショップ」をテーマに、
おみやげに最適なアイテムを
取り扱う。

プラネットロリポップキャンドル1本660円

プラネットシートに寝転んで無重力空間を体感

「コニカミノルタプラネタリア YOKOHAMA」のドーム前方には寝転んで鑑賞できるプラネットシートがあります。限定4席、事前予約がおすすめ。¥4200円、2名まで（小学生就学前は1名まで定員に含まず利用可）。

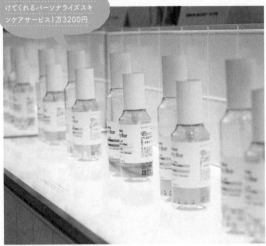

ここに注目！
研究員が肌を解析し、併設のラボで製造。完成品は後日届けてくれるパーソナライズスキンケアサービス1万3200円

しせいどう えす ぱーく
資生堂 S/PARK

資生堂の最先端研究施設でビューティを追求

"美のひらめきと出会う場所"をテーマに、資生堂の研究施設の一角を一般開放。4つのゾーンで構成されるミュージアムや、「資生堂パーラー」出身のシェフが監修するカフェ、マイコスメを作るラボなどがあり、さまざまな角度から"美"にまつわる体験ができる。

☎045-222-1600 ㊟横浜市西区高島1-2-11資生堂グローバルイノベーションセンター(S/PARK) ¥入館無料 ⏰施設により異なる ㊡日曜（祝日の場合は営業）🚃みなとみらい線新高島駅から徒歩すぐ Ⓟなし MAP付録P7C3

S/PARK Beauty Bar 【1階】
えす ぱーく びゅーてぃ ばー

化粧水と乳液が作れる「マイコスメ」サービスは要予約。化粧品を自由に試せるコーナーも。⏰10〜18時

スムージー各種600円〜ほか、本日のデザート500円〜も用意

S/PARK Cafe 【1階】
えす ぱーく かふぇ

野菜中心のランチプレートやスムージー、日替わりデザートなどヘルシーなメニューが揃う。⏰9〜18時LO(土曜、祝日は17時30分LO)

S/PARK Museum 【2階】
えすぱーく みゅーじあむ

インタラクティブなコミュニケーションを通じて美を感じられる体験型ミュージアム。⏰11〜18時

化粧品容器の色で分け、アートのように展示

ここに注目！
昭和初期に品川〜横浜〜浦賀間の直通運転を実現した「京急デハ236号」

けいきゅうみゅーじあむ
京急ミュージアム

昭和レトロな車両で鉄道の魅力にハマる

京急創立120周年事業の一環として開館。歴史的な名車「京急デハ236号」をはじめ、"本物"にこだわる。ほかにも、京急沿線を再現したジオラマや鉄道シミュレーション、オリジナル「プラレール」が作れる工場など、鉄道ファンならずとも夢中になってしまう展示ばかり。

☎045-225-9696 ㊟横浜市西区高島1-2-8 京急グループ本社1階 ¥入館無料（一部体験コンテンツは有料）⏰事前予約制（入館にはWEBによる事前予約が必要）㊡火曜（祝日の場合は翌日）🚃みなとみらい線新高島駅から徒歩すぐ、または横浜駅から徒歩7分 Ⓟなし MAP付録P7C2

鉄道シミュレーション
¥500円(事前予約制)

📖「資生堂 S/PARK」には、ランニングやエクササイズプログラムを展開する「S/PARK Studio」もあります。要予約。

吹き抜ける潮風が気持ちいい
海辺の公園をおさんぽしましょ

散策所要
3時間30分

みなとみらいには、海沿いの公園や見ごたえのある見学施設が点在します。
公園でリラックスしたり、観光を楽しんだり…。気ままに散策を楽しみましょう。

普段は帆をたたんでいるが、年約12回の総帆展帆（そうはんてんぱん）ではすべての帆を広げる

1 はんせんにっぽんまる
帆船日本丸

太平洋の白鳥と呼ばれた美しい帆船

昭和5年（1930）に船員を養成する練習船として誕生し、54年にわたり活動した帆船。航海の総距離は183万kmに及ぶといわれる。2017年に国の重要文化財に指定された。同じく重要文化財である第一号ドックに現役当時の姿で保存され、船内を見学できる。

☎045-221-0280（公財 帆船日本丸記念財団）🏠横浜市西区みなとみらい2-1-1 ¥入館800円（横浜みなと博物館と共通券）🕙10〜17時 🈂月曜（祝日の場合は翌平日、臨時休館あり）🚃みなとみらい線みなとみらい駅から徒歩5分 🅿なし 🗺付録P9C3

徒歩10分

徒歩3分

◀「GOOD MAN STAND and Son and Daughter」のいちごどら焼き600円

2 りんこうぱーく
臨港パーク

横浜港を一望できる憩いの広場

ベイブリッジ、大黒ふ頭といった横浜港らしい景色を望む海沿いの公園。芝生の生い茂る公園内にはオブジェも。

☎045-221-2155（パシフィコ横浜総合案内）🏠横浜市西区みなとみらい1 🚃🈂散策自由 🚃みなとみらい線みなとみらい駅から徒歩7分 🅿100台（有料）🗺付録P8D1

ベイブリッジを背景に海を行く船が見える

3 どりーむ どあ よこはま はんまーへっど
DREAM DOOR YOKOHAMA HAMMERHEAD

横浜初のアウトドアパークが人気

カップヌードルミュージアムパーク内にあり、海辺でバーベキューが楽しめる。気軽に立ち寄れるカフェもある。

☎045-225-9177 🏠横浜市中区新港2 🕙11〜22時（エリアにより異なる）🈂不定休（冬季休業あり）🚃みなとみらい線みなとみらい駅から徒歩7分 🅿なし 🗺付録P8D2

◀3つのエリアでバーベキュー5500円〜ができる

ひと足のばして 象の鼻カフェへ

象の鼻パークにある象の鼻テラス内「象の鼻カフェ」のイチオシは、北海道産ミルクを使うゾウノハナソフトクリーム480円。かわいい見た目と濃厚な味わいが好評です。
☎045-680-5677 **MAP**付録P11C2

Photo: Katsuhiro Ichikawa

マイカップヌードルファクトリーで世界でひとつだけのカップヌードルを

見学時間
2時間
※体験アトラクション
により異なる

4 かっぷぬーどるみゅーじあむ よこはま
カップヌードル ミュージアム 横浜

驚きいっぱいの体験型食育施設

インスタントラーメンの父・安藤百福の「クリエイティブシンキング＝創造的思考」を、ユニークな展示を通して体感できる体験型食育ミュージアム。オリジナルのカップヌードル作り（45分500円、要整理券）やチキンラーメン作り（90分中学生以上1000円小学生600円、要予約）などの体験はぜひチャレンジしよう。世界8カ国の麺料理が味わえるNOODLES BAZAAR-ワールド麺ロード-や、オリジナルグッズが満載のショップにも注目。

☎045-345-0918 **(住)**横浜市中区新港2-3-4 **(¥)**入館500円（高校生以下無料）**(時)**10〜18時（入館は〜17時）**(休)**火曜（祝日の場合は翌日）**(交)**みなとみらい線みなとみらい駅から徒歩8分 **(P)**40台（入館券提示で1時間無料、以降30分250円）**MAP**付録P8D3

1インスタントラーメンヒストリーキューブに歴代の商品がズラリと並ぶ **2**小麦粉をこねる工程から「チキンラーメン」を手作り体験できる **3**シンプルな建物の内部はユニークな展示がたくさん

徒歩
すぐ

徒歩
8分

5 はんまーへっどぱーく／はんまーへっどでっき
ハンマーヘッドパーク／ ハンマーヘッドデッキ

新港ふ頭にある展望スポット

商業施設「横浜ハンマーヘッド」（☞P20）のシンボル「ハンマーヘッドクレーン」のふもとに広がる広場。階段状のウッドデッキに腰かけて、新港ふ頭に発着する客船やベイブリッジ、みなとみらいの風景を眺められる。

☎045-211-8080（横浜ハンマーヘッド）**(住)**横浜市中区新港2-14-1 **(¥)(時)**散策自由 **(交)**みなとみらい線馬車道駅から徒歩10分 **(P)**350台（30分280円〜）**MAP**付録P8E2

▲「ハンマーヘッドパーク」と施設を結ぶのが「ハンマーヘッドデッキ」

 カップヌードルミュージアム 横浜の正式名称は安藤百福発明記念館 横浜。アートディレクターの佐藤可士和氏が総合プロデュースをしました。

港町ならではの景色を楽しむ
空中さんぽ&クルージング

日本初の都市型循環式ロープウェイで、横浜の景色を空からも楽しめるようになりました。
リーズナブルなものから食事付きのリッチなプランまで、多彩なクルーズも人気です。

上空から眺める
みなとみらいは新鮮!

よこはま えあ きゃびん
YOKOHAMA AIR CABIN

ガラス張りのキャビンで
みなとみらいを空中散歩

みらとみらいの上空を往来するのは、桜木町
駅からみなとみらいの運河パークまでを結ぶ
日本初の都市型循環式ロープウェイ。最高約
40mの高さから、片道630mの道のりをゴ
ンドラが順次運行する。街のライトアップが輝
く日没後は、きらめく夜景がとびっきりロマン
チックと好評だ。

☎045-319-4931　🚃JR桜木町駅から徒歩1分
🗺️MAP付録P9C4〜D3

乗車DATA

所要約5分
片道券1000円、
往復券1800円(予約不要)
通年運行(不定休)、所要約5
分。10〜22時(変動あり)

❶ 8人乗りのキャビンには、自然循環による換気システムを導入し、冷房も完備
❷ 乗り場はJR桜木町駅前と運河パークにある。駅舎内はバリアフリー対応

横浜の移動は
シーバスが便利

水上バスの「シーバス」は、横浜駅東口、ハンマーヘッド、赤レンガ倉庫、山下公園（2023年夏頃まで休業中）を周回しています。片道500円〜。
☎050-1790-7606（ポートサービス）
MAP 付録P7C1、P8E3・F3、P10D1・E3

スタッフの生ガイドで海上風景を楽しもう

▲荷役に携わるガントリークレーン

あかれんがかふぇくるーず
赤レンガcaféクルーズ

横浜港をカフェ気分でクルーズ

ドリンクを片手にカフェ気分で横浜港をクルーズ。乗船中は、PUSH 7というシャッターチャンスポイントも紹介。ガントリークレーンが見られるのは1便と5便のみ。
https://reservedcruise.com/yokohama cruise/cafe/ ☢みなとみらい線馬車道駅から徒歩15分 **MAP** 付録P8F3

おすすめクルーズ

45分コース
乗船料2500円（予約可）
土・日曜・祝日通年運航（気象・海象によりコース変更になる場合あり）、所要約45分。出航時間：ピア赤レンガ発11時30分、13時30分、14時30分、15時30分、16時30分。

ワンランク上のダイニングクルーズを！

▲季節の食材を使ったコース料理

まりーんるーじゅ
マリーンルージュ

ランチクルーズでフレンチに舌鼓

上品なダイニングで季節のフレンチを味わうレストラン船。夜景とともに料理を楽しむムード満点のディナークルーズ1万700円〜も好評。
☎050-1790-7606（ポートサービス）☢ピア赤レンガへはみなとみらい線日本大通り駅から徒歩10分
MAP 付録P8F3、10E3

おすすめクルーズ

ランチクルーズ
7400円〜
（ランチコース付き、要予約）
土・日曜、祝日通年運航、所要約90分。出航時間ピア赤レンガ発12時、17時。山下公園乗り場は2023年夏頃まで休業中。

豪華客船さながらの乗り心地と演出が見事

▲お替わり自由のソフトドリンク付き

ろいやるういんぐ
ロイヤルウイング

ティータイムで楽しむ優雅な船旅

本格派レストラン船で、スイーツとともに絶景を満喫。アフタヌーンティープラン5300円（土・日曜、祝日は5800円。乗船料込）ほか、ランチやディナープランも多数。
☎045-662-6125（10〜19時）☢みなとみらい線日本大通り駅から徒歩7分 **MAP** 付録P10D1

おすすめクルーズ

ティークルーズ
2900円（土・日曜、祝日は3400円、スイーツプレート、ソフトドリンク飲み放題付き、乗船料込）
火〜日曜・祝日運航、所要約1時間30分。出航時間：横浜港大さん橋国際客船ターミナル発14時45分。

工場地帯の迫力ある夜景が楽しめます！

▲使用艇の一つ、オセアンブルー

こうじょうやけいじゃんぐるくるーず
工場夜景ジャングルクルーズ

迫力満点の夜の探検クルーズへ出発

日本三大工業地帯である京浜工業地帯を巡るクルーズ。プラントなどの巨大な工場が燦然と輝く運河から、別世界のような光景を堪能できる。ドリンク付き。
https://reservedcruise.com/yokohama cruise/cafe/ ☢みなとみらい線馬車道駅から徒歩15分 **MAP** 付録P8F3

おすすめクルーズ

工場夜景ジャングルクルーズ
乗船料6000円
（ドリンク1杯付き、要予約）
主に土曜通年運航、所要約90分。出航時間：ピア赤レンガ 発16時30分 〜19時の間で季節により異なる。

ロイヤルウイングではピアノの生演奏やスタッフによるバルーンアートの披露などもあり、豊かなホスピタリティが感じられます。

青い海と空が広がる
ベイサイドレストランでランチ

港町・横浜に来たのなら、オーシャンビューのレストランは外せません。
開放的な眺めとおいしい料理を堪能できる、とっておきのランチタイムはいかが。

大さん橋や停泊する豪華客船が眺められます

※テーブルセッティングはイメージ

地上約100mからみなとみらいや横浜港を見渡せます

アボカドトーストフレッシュ
コリアンダーとライム添え
1450円

新鮮なアボカドとコリアンダーを贅沢に使った人気メニュー。

©Anson Smart

ランチコース
2800円〜

前菜、スープ、メイン、デザートで構成されるランチコースは3種類。

`赤レンガ倉庫`
びるず よこはまあかれんがそうこ

bills 横浜赤レンガ倉庫

テラスでいただく世界的名店の味

シドニー発オールデイダイニングの国内2号店。朝食からディナーまで、トレンド最先端のシンプルでヘルシーな料理が揃う。billsでしか飲めないハウスワイン900円〜も人気があり、優雅なランチのひとときが楽しめる。

☎045-650-1266 ⓗ横浜市中区新港1-1-2横浜赤レンガ倉庫2号館1階 ⓣ9〜23時(土・日曜.祝日8時〜) ⓗ不定休 ⓣみなとみらい線馬車道駅、日本大通り駅から徒歩6分 ⓟ179台(有料) MAP付録P8E3

©Petrina Tinslay
赤レンガを基調とした店内

よこはまものりす

横浜モノリス

パノラマビューとフレンチのコースを堪能

結婚式の披露宴も行われるラグジュアリーなメインダイニングは、平日のランチ利用が可能。眼下に広がるみなとみらいや横浜港を眺めながら、本格的なフレンチのコースをいただける。

☎050-5306-8498 ⓗ横浜市中区桜木町1-1-7 ヒューリックみなとみらい17階 ⓣ11時〜15時30分(14時LO) ⓗ水・土・日曜、祝日 ⓣJR.市営地下鉄桜木町駅から徒歩1分 ⓟなし MAP付録P9B3

要事前予約でディナータイムの貸し切り利用も可能

予約必須の
ホテルの
アフタヌーンティー

ラウンジ＆バー「マリンブルー」（☞P37）では、180度広がるベイビューとともに、豪華なアフタヌーンティー5500円～（120分制）を楽しめます。ホテル外観をモチーフにしたティースタンドもおしゃれ。

真正面に
横浜ベイブリッジを
望む好立地

**ランチブッフェ
5300円**
（土・日曜、祝日は5800円）

グリル料理や温製、
冷製料理、デザートな
どメニューは40種以上

ヨコハマ グランド インターコンチネンタル ホテル

ぶっふぇ・だいにんぐ「おーしゃんてらす」

ブッフェ・ダイニング「オーシャンテラス」

海を一望できる店内で世界のグルメを

一面総ガラス張りの店内から横浜港を見渡せるベイサイドレストラン。チャコールグリルで焼かれるローストビーフの音や香りなど、ライブパフォーマンスが間近で楽しめるオープンキッチンでは、多彩な料理をブッフェスタイルで提供。

☎045-223-2267（レストラン予約）
🕐11時30分～15時LO、17時～21時30分LO 🈳無休 MAP付録P8D2
🚃ヨコハマ グランド インターコンチネンタル ホテルP113

調理シーンを間近で見られる活気あふれるオープンライブキッチン

横浜港の
大パノラマを
高層階から一望！

**ランチコース
3000円～**

メインは魚か肉料理を
選ぶ。前菜やデザート
盛り合わせ付き

おりえんたる びーち

Oriental Beach

リゾート気分を味わえるダイニング＆バー

海外のビーチリゾートホテルをイメージした空間から、ベイブリッジをはじめとする横浜港の一大パノラマを望む。ランチは1名から注文できるコースのほか、手頃なアラカルトも用意。

☎045-232-4401 🏠横浜市西区みなとみらい6-3-4 プライムコースト19階 🕐7時～9時30分最終入店、11時30分～14時30分LO、17時～21時30分LO 🈳不定休 🚃みなとみらい線新高島駅から徒歩7分 P49 🅿台（30分330円）MAP付録P6D2

眼下にみなとみらいの夜景がきらめく夜もロマンチック

📖 観光名所がひしめく新港地区の対岸には瑞穂埠頭（MAP付録P4D1）があり、タンカーなどの大型船が泊まっていることも。

海風に吹かれてひと休み♪
カフェテラスでブレイクタイム

海辺のさわやかな風を感じながら、ほっとひと息…
横浜らしい眺望を楽しめるテラス席でブレイクしましょう。

ここが特等席です
みなとみらいのビル群を望むオープンエアのテラス席は、海風が心地いい。

あにうぇるせる かふぇ みなとみらいよこはま

アニヴェルセル カフェ
みなとみらい横浜

水辺のテラス席で優雅なひとときを

結婚式場の施設内にあるフレンチカフェ。運河沿いのテラス席で、非日常のティータイムを過ごせる。盛り付けがおしゃれなスイーツは、季節限定メニューも用意。

☎045-640-5188 住横浜市中区新港2-1-4
🕐11〜16時LO（土・日曜、祝日は〜20時LO）
休火・水曜（祝日の場合は営業）交みなとみらい線
みなとみらい駅から徒歩12分 Pなし MAP付録
P8D3

▲濃厚なガトーショコラは、生クリームと相性抜群

▲ドラマや映画のロケ地としてもおなじみの有名店

Sweets Menu

ガトーショコラ
770円
パンペルデュ
1870円

◀熱々のフレンチトーストにバニラアイスをオン

ランチならコレ！

▲赤ワインと香味野菜でじっくり煮込んだハッシュドビーフ1540円

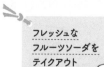

フレッシュな
フルーツソーダを
テイクアウト

「COMMUNITY MILL / SODA BAR」のドリンクスタンドでは、自家製シロップを使った季節のフルーツソーダ540円(左)、季節のノンアルコールモヒート702円(右)を味わえます。
☎045-263-6448 **MAP**付録P8E3

ぺこりーの まーけっとあんどれすとらん
Pecorino Market & Restaurant

絶景とチーズスイーツを堪能

みなとみらいを望むテラスが人気のカフェレストラン。本場イタリアのチーズを使ったチーズケーキ800円のほか、メインを選べるプリフィックスランチ1980円もおすすめ。
☎045-264-6525 **住**横浜市中区新港2-14-1 **時**11～20時 **休**不定休 **交**みなとみらい線馬車道駅から徒歩10分 **P**350台(30分280円～)
MAP付録P8E2

ここが特等席です

◀開放感あふれるテラスは4卓。ペット連れもOK

▼(左下から時計回りに)ニューヨークチーズケーキ、フルーツのカッサータ、ペコリーノチーズケーキ、ボンカフェ風味のティラミス

Sweets Menu
ケーキ
各800円

▼熱々のベーグルフレンチトーストにアイスやハチミツをかけて提供

Sweets Menu
ベーグルフレンチ
トースト　850円

ここが特等席です

▶みなとみらいを代表する名所がぐるりと見渡せる

かふぇあんどばー へみんぐうぇいよこはま
カフェ&バー
ヘミングウェイ横浜

360度景色を楽しむ水上レストラン

運河に浮かぶテラス席で、船旅気分を味わえる。1番人気は、カリッ、モチッな食感が絶妙なベーグルフレンチトースト。スパイスの効いたスープカレー1000円～も。
☎045-900-1449 **住**横浜市西区みなとみらい2-1-1 横浜港ボートパーク **時**11～22時 **休**無休 **交**JR桜木町駅から徒歩5分 **MAP**付録P9C3

とうえんてぃふぉー/せぶん れすとらん
24/7 restaurant

大観覧車を望むおしゃれカフェ

パスタを中心としたアラカルトから季節替わりのスイーツ、コース料理まで揃い、どんなシーンでも利用できる。大観覧車を近くに望むロケーションも魅力的。
☎045-222-6522 **住**横浜市西区みなとみらい2-3-8 **時休**不定休 **交**みなとみらい線みなとみらい駅直結 **P**1700台(有料) **MAP**付録P9C2

ここが特等席です

▲どの席からも大観覧車を眺められる。並んで座れるソファも設置

▲季節限定のデザートの一例。カシスの風味が大人の味

Sweets Menu
栗とカシスの
モンブラン
1200円

 「ヘミングウェイ横浜」では、みなとみらいを眺めながらバーベキューも楽しめます。ステーキBBQ4800円(予約は4名から)など。

憧れのホテルレストランで
夜景を眺めるごほうびディナー

夜景を望む高級ホテルのレストランは、いくつになっても憧れの場所。
港の輝きと美食に酔いしれる、贅沢な大人の時間を過ごしましょう。

ディナーコース
SMOKE　9500円

アイアン・ベイ シグネチャーブレッド、魚料理、肉料理など全6品。
◆予約…予約可
※予約が望ましい
※写真はイメージ。

高層階ならではの
都会的な夜景

ディナーブッフェ
「ナイト・キッチンスタジアム」
月〜金曜7200円〜
土・日曜、祝日7800円〜
※フェアにより異なる

前菜やメイン料理、スープからデザートまで楽しめるブッフェ。
◆予約… 要予約
除外日あり

夜景も店内も
ロマンチック

ウェスティンホテル横浜23階
あいあん・べい

アイアン・ベイ

夜景とともに職人技が光るグリル料理を

眼下にみなとみらいのビル群を、遠くにベイブリッジを望むホテルのメインダイニング。横濱ビーフやまゆり豚といった地元の食材などを生かしたグリル料理を提供する。ディナーコースは3種類あり、世界各国の一流ホテルや星付きレストランで腕を磨いた総料理長が監修。☎045-577-0870（レストラン予約）🕐17時30分〜21時30分LO 休月・火曜 MAP 付録P9A2 ➡ウェスティンホテル横浜P110

プライベートダイニングルームは予約制

横浜ベイホテル東急2階
おーるでいだいにんぐ「かふぇ とすか」

オールデイダイニング「カフェトスカ」

シェフこだわりの食材を堪能できるブッフェ

大きなガラス窓から夜景を望むブッフェ。日本や世界の各地をテーマにしたフェアを行い、その土地の新鮮な食材を用いた料理が登場する。おすすめはシンプルな味付けで素材の味を生かしたマリネやサラダ。目の前で調理するアクションコーナーにも注目。☎045-682-2255（レストラン予約）🕐7〜10時、11時30分〜15時（土・日曜、祝日は〜15時30分）、17〜21時（土曜夜は17時〜、19時30分〜の2部制）休不定 MAP 付録P9C2 ➡横浜ベイホテル東急P112

シェフの作りたて料理をいただこう

**ホテルラウンジで
一杯いきましょ♪**

ヨコハマ グランド インターコンチネンタル ホテル（☞P113）のラウンジ&バー「マリンブルー」ではベイブリッジなど横浜港の夜景が一望できます。絶景とともにカクテル1300円～はいかが？
☎045-223-2267 **MAP**付録P8D2

**ディナーコース
ラルジェ
9000円**

メインは海老、牛フィレ、仔羊のスパイシーミックスグリル。全4品。
◆予約… 予約可
※予約が望ましい
※写真はイメージ。

みなとみらいの
パノラマ夜景

**天空ディナーコース
1万1000円**

オードブル、スープ、メインディッシュ、パン、デザート、コーヒーが付く。
◆予約… 予約可
※写真はイメージ。

天空フロアからの
夜景を独占♥

ニューオータニイン横浜プレミアム3階
したまち だいにんぐ あんど かふぇ ざ しー
下町 DINING & CAFE THE sea

パノラマ夜景が広がる洋食レストラン

天井まで高さ3mのガラス窓から、大観覧車やベイブリッジなどを眺められる絶好のロケーション。グリル料理がメインのディナーコースは3種類。下町洋食のアラカルトは、プラス1900円でサラダとスイーツのハーフビュッフェが付く。
☎045-210-0781 ○7～10時、11時30分～20時30分LO（金・土曜、祝前日は7～10時、11時30分～21時LO） 休無休 **MAP**付録P9B4
☞ニューオータニイン横浜プレミアムP114

煮込みハンバーグ ビーフシチュー添え 2400円

横浜ロイヤルパークホテル70階
すかいらうんじ「しりうす」
スカイラウンジ「シリウス」

地上277mで楽しむ絶品ディナー

眼下に広がるのは、船の行き交う横浜港の夜景。モダンで上品なディナーコースを、ピアノ演奏を楽しみながら味わおう。☎045-221-1155（10～19時）**¥**カバーチャージ1100～2200円（時間により異なる）○7～10時最終入店、11時30分～13時30分最終入店（土・日曜、祝日は～14時最終入店）、17時30分～20時30分コース料理LO、～21時30分料理・飲み物LO 休無休 **MAP**付録P9B3
☞横浜ロイヤルパークホテルP113

入口を入ると目の前に夜景が広がる

 よこはまコスモワールド（☞P40）の大観覧車「コスモクロック21」は、15分に一度、光の花火を打ち上げます。

きらめく夜景に包まれて…
ロマンチックな夜のおでかけ

高層ビル群や運河を行き交う船、港の灯りが彩る横浜の夜。
水面に映るみなとみらいの姿にうっとりするのも、横浜観光の醍醐味です。

✦空から…✦
絶景夜景に
感動しましょう

地上273mから望む
大パノラマは圧巻

よこはまらんどまーくたわー 69かいてんぼうふろあ
「すかいがーでん」
横浜ランドマークタワー
69階展望フロア「スカイガーデン」

眼下に広がる港町の光に感動

横浜随一の高さを誇る展望フロア。回遊式のフロアから見る夜景は、足元に街の灯りや港を行く船の光がきらめき、ロマンチック。おみやげショップやカフェ（→P22）も併設している。

☎045-222-5030 🏠横浜市西区みなとみらい2-2-1 ¥入館1000円 ⏰10～21時（毎週土曜その他特定日は～22時。入館は閉館の30分前まで）🈚無休 🚃みなとみらい線みなとみらい駅から徒歩3分 Ｐ1400台（有料）MAP付録P9B3

夜景観賞のヒント

夜景が一番美しいのは日没後15～30分。薄闇に幻想的な景色が広がる。また、冬のイルミネーションイベントを行うシーズンは、空気も澄んで美しい夜景が楽しめる。

夜空の散歩も楽しみましょう

「YOKOHAMA AIR CABIN」キャビンから望むみなとみらいの全方位の夜景は感動モノです。照明デザイナーの石井幹子氏が手がけたキャビンと駅舎の演出照明にも注目。☞P30

◆ 地上から… ◆
うっとり夜景を
眺めましょう

きしゃみち
汽車道

絶景が広がる運河沿いの散歩道

日本丸メモリアルパークと新港地区を結ぶ約500mの遊歩道。運河の中心から360度の夜景が楽しめる。点在するベンチでひと休みも◎。

☎045-671-2888（横浜市港湾局賑わい振興課）住横浜市中区新港2 時見休散策自由 交JR桜木町駅から徒歩5分 Pなし
MAP付録P9C3

上空にYOKOHAMA AIR CABINが運行

地上からの夜景はこちらもおすすめです

モダンな建築がオレンジの光に包まれる

あかれんがぱーく
赤レンガパーク

横浜港とみなとみらいの夜景を楽しめる贅沢なスポット。あたたかな光が灯る倉庫のライトアップも幻想的。
MAP付録P8F3

静かに夜景を望む穴場スポット

はんまーへっどぱーく／はんまーへっどでっき
ハンマーヘッドパーク／ハンマーヘッドデッキ

ハンマーヘッドクレーンのライトアップやみなとみらいの夜景が見どころ。
MAP付録P8E2

運河にはみなとみらいの夜景が浮かぶ

ばんこくばし
万国橋

馬車道と新港地区の間にかかるアーチ橋は、みなとみらいの夜景を一望する横浜屈指の好ロケーション。
MAP付録P8D4

 みなとみらい地区は夜景観賞スポットの宝庫。象の鼻パーク（MAP付録P8E4）もおすすめです。

ココにも行きたい！

みなとみらいのおすすめスポット

どっくやーどがーでん
📷 ドックヤードガーデン
歴史ある国重要文化財を見学

日本に現存する商船用石造りドックとして最古の旧横浜船梁第2号ドックを復元し、イベント広場として活用。地下には多彩なグルメが揃う「みらい横丁」があり250種以上のビールが味わえる「世界のビール博物館」(☞P22)も。**DATA**☎045-222-5015 住横浜市西区みなとみらい2-2-1 ¥入場無料 ⏰みらい横丁11～23時 休無休 🚇みなとみらい線みなとみらい駅から徒歩3分 🅿約1400台(有料) **MAP**付録P9C3

ぱしふぃこよこはま
📷 パシフィコ横浜
日本最大級の複合コンベンション施設

©PACIFICO_Yokohama

国立大ホール、会議センター展示ホール、ノース、ホテルからなる複合コンベンションセンター。国際会議のみならずコンサートやイベントが数多く開催されており、施設内にはレストランも併設されている。**DATA**☎045-221-2155 住横浜市西区みなとみらい1-1-1 🚇みなとみらい線みなとみらい駅から徒歩5分 🅿みなとみらい公共P1154台、ノースP152台(有料) **MAP**付録P8D2

よこはまみなとはくぶつかん
📷 横浜みなと博物館
横浜港の歴史や役割を映像で体感

国際貿易港として栄える横浜港の歴史や役割をVRシアターや映像などで学べる。無料体験できる操船シミュレーターは人気。館内には柳原良平アートミュージアムも。**DATA**☎045-221-0280 住横浜市西区みなとみらい2-1-1 ¥入館800円(博物館・帆船日本丸共通券) ⏰10～17時 休月曜(祝日の場合は翌平日)、臨時休館あり 🚇みなとみらい線みなとみらい駅から徒歩5分 🅿なし **MAP**付録P9C3

みつびしみなとみらいぎじゅつかん
📷 三菱みなとみらい技術館
日本が誇る最先端技術を体感できる

最先端の科学技術を楽しみながら学べるミュージアム。陸・海・空・宇宙の各ゾーンには迫力ある実機や大型模型などを展示。**DATA**☎045-200-7351 住横浜市西区みなとみらい3-3-1三菱重工横浜ビル ¥入館500円 ⏰10～15時(土・日曜、祝日は～16時。最終入館は閉館の30分前) 休火・水曜(祝日の場合は翌日)、特定休館日 🚇みなとみらい線みなとみらい駅から徒歩3分 🅿三菱重工横浜ビル駐車場利用463台(有料) **MAP**付録P9B2

よこはまびじゅつかん
📷 横浜美術館
開港以降の近・現代美術を鑑賞

撮影：笠木靖之

19世紀後半から現代にかけての国内外の美術作品を約1万3000点所蔵。休館中は市内各所でイベントを開催。**DATA**☎045-221-0300 住横浜市西区みなとみらい3-4-1 ¥コレクション展500円(企画展は別途) ⏰10～18時(17時30分最終入館。休日の場合は翌日) 🚇みなとみらい線みなとみらい駅から徒歩3分 🅿169台(有料) **MAP**付録P9B2
※休館中、2024年3月リニューアルオープン予定

はらてつどうもけいはくぶつかん
📷 原鉄道模型博物館
世界最大級の鉄道ジオラマは必見

世界的に有名な鉄道模型製作者で収集家の原信太郎氏の鉄道模型を展示。面積約310㎡の室内ジオラマ「いちばんテツモパーク」では、世界各国の鉄道模型が走行。**DATA**☎045-640-6699 住横浜市西区高島1-1-2 横浜三井ビル2階 ¥入館1000円 ⏰10～17時(最終入館～16時30分) 休火・水曜(祝日の場合翌日) 🚇みなとみらい線新高島駅から徒歩2分、横浜駅から徒歩5分 🅿153台(有料) **MAP**付録P7C2

にっさんぐろーばるほんしゃぎゃらりー
📷 日産グローバル本社ギャラリー
日産のモデル車が一堂に集結

日産自動車の国内販売車をはじめ、歴代の車やレーシングカーを展示するギャラリー。国外で展開するINFINITIブランドの車や日産の最新情報も紹介する。併設のショップでは日産車のミニカーやオリジナルグッズが多数揃っている。**DATA**住横浜市西区高島1-1-1 ¥入館無料 ⏰10～20時 休不定休 🚇みなとみらい線新高島駅から徒歩5分 🅿なし **MAP**付録P7C2

よこはまとりっくあーとくるーず
🎵 横浜トリックアートクルーズ
見て触れて写真が撮れる体験型美術館

立体的に見える絵画、角度により違って見える絵画、中に入って錯覚が楽しめる絵画など、「海の冒険」がテーマの25作品が楽しめる。最新版への展示替えも随時。**DATA**☎045-264-9240 住横浜市西区みなとみらい2-2-1ランドマークプラザ4階 ¥入館800円 ⏰11～20時(最終入館～19時30分) 休不定休 🚇みなとみらい線みなとみらい駅から徒歩3分 🅿約1400台(有料) **MAP**付録P9B3

よこはまこすもわーるど
🎵 よこはまコスモワールド
大観覧車が目印の都市型立体遊園地

入園無料の遊園地に、約30のアトラクション300円～が揃い、大人も子供も楽しめる。大観覧車「コスモクロック21」のイルミネーションはみなとみらいの夜景に欠かせない。**DATA**☎045-641-6591 住横浜市中区新港2-8-1 ¥入園無料 ⏰11～21時(土・日曜、祝日は～22時)、季節により変動あり 休木曜(祝日・繁忙期を除く) 🚇みなとみらい線みなとみらい駅から徒歩2分 🅿なし **MAP**付録P8D3

♪ スカイダック横浜
すかいだっくよこはま

横浜港をスイスイ進む水陸両用バス

日本丸メモリアルパーク発着のみなとハイカラコースは、陸路を走行したあとに、横浜港へダイブ。水上から横浜観光を楽しめる。所要 約50〜60分間。**DATA** ☎03-3215-0008（コールセンター）住横浜市西区みなとみらい2-1-1 日本丸メモリアルパーク内（乗り場）¥3500円🕐10時30分発〜15時30分発（1日4便、変動あり）休水曜 交JR桜木町駅から徒歩4分 Pなし **MAP** 付録P9C3

♪ Mulabo!
むらーぼ！

クイズに答えながら楽しく科学を学ぶ

村田製作所が運営する子供向けの科学体験施設。見どころは、専用端末を使う3種類の体験展示（前日までの予約制）。ほかにも、見て触れて楽しみながら学べる展示コーナーが充実している。**DATA** ☎045-227-3011 住横浜市西区みなとみらい4-3-8 ¥入館無料 🕐10〜17時 休日・月曜、村田製作所休業日 交みなとみらい線新高島駅から徒歩5分 **MAP** 付録P9A2

♪ 横浜バーンゴルフ場
よこはまぱーんごるふじょう

大人も子供も気軽にゴルフ体験

横浜ワールドポーターズの屋上で、ヨーロッパ発祥のバーンゴルフを楽しめる。障害物などが設けられた18ホールを回り、ホールインワンを狙う。**DATA** ☎045-222-2580 住横浜市中区新港2-2-1横浜ワールドポーターズ屋上 ¥18ホール900円、9ホール500円 🕐10時30分〜19時（入場は〜18時）、季節により異なる 休不定休 交みなとみらい線馬車道駅から徒歩5分 P1000台（有料）**MAP** 付録P8D3

♪ 横浜夜景 Fantastic Cafeship
よこはまやけい ふぁんたすてぃっく かふぇしっぷ

海上で夜景を見ながら過ごすカフェ

船上から見れば幸せになるという都市伝説をもつ3つのパワースポット（※）を中心に横浜港を回る。ドリンクとおつまみ付き。1日便 約60分。**DATA** https://reservedcruise.com/yokohama-cruise/fcafe/ 住ピア赤レンガ（乗船場）¥乗船4000円 🕐出航時間18時55分〜21時10分の間で季節により異なる 主に土曜通年運航 交みなとみらい線馬車道駅から徒歩15分 Pなし **MAP** 付録P8F3

♪ 横浜セグウェイツアー
よこはませぐうぇいつあー

セグウェイに乗ってみなとみらい観光

汽車道や横浜赤レンガ倉庫周辺、象の鼻パークなどをセグウェイで回る。オリエンテーションと事前講習を受けた後、ガイドと一緒にツアーに出発。**DATA** ☎080-3434-8360 住横浜市中区海岸通5-25-3 アパホテル＆リゾート〈横浜ベイタワー〉キャナルプラザ（集合場所）¥1万円 🕐9時30分〜12時、13時30分〜16時（要予約）休不定休 交みなとみらい線馬車道駅から徒歩2分 Pなし **MAP** 付録P8D4

♪ 横浜アンパンマンこどもミュージアム
よこはまあんぱんまんこどもみゅーじあむ

アンパンマンと仲間たちに会いに行こう！

アンパンマンの世界が広がる参加・体験型ミュージアム。**DATA** ☎045-227-8855 住横浜市西区みなとみらい6-2-9 ¥ミュージアム入館2200〜2600円（1歳以上）※日時指定WEBチケットの事前購入が必要 🕐ミュージアム10〜17時（最終入館は〜16時）。ショップ＆フード・レストランは〜18時 休無休（臨時休業あり）交みなとみらい線新高島駅から徒歩3分 P192台（有料）**MAP** 付録P6D2

©やなせたかし／フレーベル館・TMS・NTV

♪ Kアリーナ横浜
けいありーなよこはま

世界最大級の音楽アリーナが誕生

2023年9月29日開業の大規模複合開発「Kアリーナプロジェクト」の核となる約2万席の音楽アリーナ。三層構造のスタンド全席がステージ正面を向き、さまざまな演出に対応。VIPエリアやバーラウンジも設置。「ヒルトン横浜」（☞P111）が隣接。**DATA** 住未定 ¥休公演により異なる 交みなとみらい線新高島駅から徒歩5分、横浜駅から徒歩11分 P未定 **MAP** 付録P6D2

♨ 横浜みなとみらい万葉倶楽部
よこはまみなとみらいまんようくらぶ

夜景を眺めながら足湯でゆったり

露天風呂や4種の岩盤浴など、多彩な温泉施設が揃う。お湯は熱海と湯河原から毎日運ばれ、屋上の展望足湯庭園からはみなとみらいの絶景が見える。**DATA** ☎0570-07-4126 住横浜市中区新港2-7-1 ¥入館2750円（バスタオル、タオル含む）、入湯税別途100円、深夜料金あり 🕐24時間営業 休無休 交みなとみらい線みなとみらい駅から徒歩5分 P226台（有料）**MAP** 付録P8D2

column
横浜の春の風物詩 野毛大道芸

昭和61年（1986）に町おこしとして始まり、日本三大大道芸のひとつにも数えられる恒例行事。国内外のパフォーマーが、アクロバットやパントマイムなどを繰り広げる。**DATA** ☎045-262-1234 住横浜市中区野毛町野毛本通りほか ¥無料（一部有料）🕐毎年年1回開催 交JR桜木町駅から徒歩2分 Pなし **MAP** 付録P5B3

街中がアート一色に染まる「横浜トリエンナーレ」とは？

現代アートの巨匠も参加し街がアートづくしになるトリエンナーレ。
3年に1度の国際展覧会に向け、今から予習をしておきましょう。

どんなアート作品が登場したの？

{ 国内外のアーティストが集結する 3年に1度の芸術の祭典 }

● ジャンルを超えた作品群
現代アートの国際展である横浜トリエンナーレでは彫刻や写真、映像など多種多様な技法や素材を用いた、自由な表現の作品が登場。インターネットを使ったインスタレーション作品や展示空間そのものが一つの作品となることも。

● 新たな試み
横浜トリエンナーレ2020は、初めて海外からアーティスティック・ディレクターを迎えて開催され、国内外から69組のアーティストが参加。日本で初発表の非西欧圏の作家による作品を多く展示した。展覧会の前後に続く〈エピソード〉というイベントやパフォーマンス、オンライン上で楽しむバーチャルツアーなども話題を呼んだ。

"文化芸術創造都市"をテーマにまちづくりを進めてきた横浜は、アートの街としての顔を持つ。3年に1度、市内の各地で開催される横浜トリエンナーレがその代表。現代アート作品を中心に展開するこの芸術の祭典では、第一線で活躍する芸術家も多数参加してきた。
2001年から8回目となる横浜トリエンナーレは、横浜美術館（☞P40）などを主会場に、2024年3月15日（金）から6月9日（日）まで約80日間にわたり開催する予定。北京を拠点に活動するリウ・ディンとキャロル・インホワ・ルーの2人をアーティスティック・ディレクターに迎え、世界へと開かれたトリエンナーレを目指している。最新情報は、公式ホームページでチェックしよう。

▲右：リウ・ディン
左：キャロル・インホワ・ルー

過去の参加アーティスト

● 荒木経惟
● オノ・ヨーコ
● 草間彌生
● 奈良美智＋graf
● 奈良原一高
● 福岡道雄
● ヴィム・デルボア
● マイケル・ランディ
● アイ・ウェイウェイ
● マウリツィオ・カテラン

▲エヴァ・ファブレガス《からみあい》2020
ヨコハマトリエンナーレ2020展示風景　撮影：大塚敬太

◀ニック・ケイヴ
《回転する森》2016（2020年再制作）
©Nick Cave
ヨコハマトリエンナーレ2020展示風景　撮影：大塚敬太

公式WEBサイト
https://www.yokohamatriennale.jp

知っておきたいアート用語

● キュレーター
展覧会の仕掛け人。企画立案や作品・展示場所の選定などを行う。

● インスタレーション
空間を使った芸術の手法。視覚や聴覚で作品そのものを体験できる。

● パブリックアート
その名の通り、公園などに設置される作品。横浜市内の各地にも点在する。

● ファインアート
絵画や彫刻など、実用的価値よりも芸術的価値に重きを置いた作品。

● インタラクティブアート
相互対話ができるという意味ももつ。観客が参加することで完成する作品。

● ビエンナーレ
2年に1度開催される美術展覧会のこと。トリエンナーレは3年に1度。

横浜のパブリックアートにも注目

▶チェ・ジョンファ
《フルーツツリー》2001　撮影：加藤健
MAP 付録P8D1

※すべて写真提供：横浜トリエンナーレ組織委員会

今も昔もハマっ子に愛され続ける 馬車道・山下公園を巡りましょう

港町・横浜らしい、異国情緒あふれる歴史ある街並み。
横浜三塔や氷川丸が、変わらぬ姿で迎えてくれます。
遠い昔に異国の地から届いた贈り物を探しながら、
港の散歩道を、いつもよりゆっくりと歩いてみて…。

これしよう！
ノスタルジックな
西洋建築巡り

横浜港のシンボル・横浜三塔をはじめ、個性的な建築物を見て回ろう。(☞P46)

これしよう！
山下公園を
のんびりお散歩

ロケ地でもおなじみの海辺の公園は、潮風が心地よく散歩に最適。(☞P50)

海や港がモチーフのグッズも豊富に揃う

これしよう！
港町のバーで
大人の夜を過ごそう

日本のバーとカクテルの発祥地でもあり、雰囲気のあるバーが多い。(☞P56)

ノスタルジックな雰囲気を残す街並み

馬車道・山下公園

ばしゃみち・やましたこうえん

こんなところ

馬車道や日本大通り周辺は、横浜港開港以降、日本の海の玄関口として発展してきたエリア。明治～昭和初期に建てられた歴史ある西洋建築が多数点在。港に面して広がる山下公園周辺は地元の人々にも愛される名所で、氷川丸や横浜マリンタワーなどのみどころも多い。

馬車道・山下公園はココにあります！

横浜
みなとみらい線
JR京浜東北線
馬車道
横浜赤レンガ倉庫
関内
元町・中華街
馬車道・山下公園

a c c e s s

●横浜駅から
横浜駅からみなとみらい線で馬車道駅まで5分、日本大通り駅まで6分、元町・中華街駅まで8分

問合せ
☎045-211-0111
桜木町駅観光案内所

広域MAP
付録P4D3～P5C3

～馬車道・山下公園　はやわかりMAP～

みなとみらいへ

YOKOHAMA AIR CABIN

運河パーク

2号館
● 横浜赤レンガ倉庫
1号館

アパホテル
＆リゾート
・ザ・タワー横浜北仲

馬車道駅

横浜市役所

日本郵船歴史博物館

象の鼻
パーク

神奈川県警本部

横浜税関

2 横浜港大さん橋
国際客船ターミナル
（☞ P48）

3 RESTAURANT SCANDIA
（☞ P52）

横浜港

日本郵船氷川丸
（☞ P51） **5**

1 神奈川県立歴史博物館
（☞ P47）

神奈川県庁本庁舎

県庁前

日本大通り駅

横浜地方
裁判所

赤い靴はいてた女の子像

4 山下公園
（☞ P50）

関内駅

横浜市営地下鉄
ブルーライン

黄金町へ

桜木町へ

関内駅

みなとみらい線

神奈川県民ホール

KAAT神奈川
芸術劇場

ホテルモントレ横浜

ホテル
ニュー
グランド

山下公園通り

中区役所

横浜公園

開港通り

横浜マリンタワー
朝陽門（☞ P51） **6**

横浜スタジアム

中華街大通り

横浜中華街

横浜シティガイドデスク

首都高速横羽線

元町・中華街駅

新山下出入口へ

春や秋はバラやチューリップ
秋はイチョウ並木も
山下公園の花壇や、
山下公園通りのイチ
ョウ並木が見事。

横浜公園
出入口

石川町JCT

花之木出入口へ ▶ 石川町駅

横浜シティガイド
デスクで最新情報を
横浜マリンタワー2階
にある便利な観光案
内所。☎045-228-76
78 MAP 付録P10E3

観光のヒント
**レトロな街並みを
ゆっくり歩いて巡ろう**
さまざまな様式の
建物は見て回るだ
けで楽しい。館内
の見学もおすすめ。

おすすめコースは

5時間

横浜の歴史を感じさせる
重厚な建築物と、さわやか
な港の風景の両方を楽し
めるのがこのエリアの魅
力。氷川丸やマリンタワー
の内部も見ごたえがある
ので、ゆっくり巡りたい。

スタート	1 見る	2 見る	3 食べる	4 見る	5 見る	6 見る	ゴール
みなとみらい線 馬車道駅	神奈川県立歴史博物館	横浜港大さん橋国際客船ターミナル	RESTAURANT SCANDIA	山下公園	日本郵船氷川丸	横浜マリンタワー	みなとみらい線 元町・中華街駅
	徒歩1分	徒歩15分	徒歩4分	徒歩3分	徒歩1分	徒歩5分	徒歩1分

たたずまいの美しさにうっとり、ハイカラ建築、横浜三塔をご案内

横浜市開港記念会館をはじめとした横浜三塔ではレトロな建築美を堪能できます。
キング、クイーンなど高貴な愛称で親しまれる横浜のハイカラ建築をご案内。

Night View
日没からライトアップが行われる。終了時刻は日によって異なる

キングにふさわしい威風堂々とした建築

▲小尾嘉郎の原案を元に設計、昭和3年(1928)竣工。帝冠様式の建物

1 KING

かながわけんちょうほんちょうしゃ
神奈川県庁本庁舎

和洋折衷の建築様式が見事に調和した佇まい

日本趣味と洋風建築が調和した国指定重要文化財。壮厳さを感じさせる風格からキングという愛称で呼ばれ、現在も神奈川県庁本庁舎として活用されている。6階本庁舎歴史展示室と横浜港を一望する屋上が見学できる。

☎045-210-2620 ㈜横浜市中区日本大通り1 Ⓨ見学自由 ⊙8時30分〜17時15分 ⑳みなとみらい線日本大通り駅から すぐ ㊡土・日曜、祝日 Ⓟなし
Ⓜ付録P11C2

この意匠をCHECK！

陶器の装飾灯
正面階段にあるのは極楽浄土に咲く想像上の花「宝相華」がモチーフ

照明
神奈川県の木に制定されたイチョウがあしらわれたデザインが特徴

エレベーター
扇上部の格子は、アール・デコ様式の凝った装飾となっている

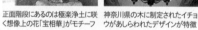

馬車道ハイカラ建築MAP

横浜税関 ❷
神奈川県庁本庁舎 ❶
横浜市開港記念会館 ❸

日本郵船歴史博物館
旧横浜正金銀行横浜支店 歴史博物館
みなとみらい線
馬車道駅
日本大通り駅
100m

横浜の歴史が薫る
ハイカラな喫茶店

開港当時の建築様式を参考に、明治の西洋館を再現した「馬車道十番館」。アーチ状のステンドグラスがレトロな1階喫茶室では、ケーキやコーヒーを味わえる。2階は英国風酒場、3階はフランス料理店。
☎045-651-2621 MAP付録P11A2

2 QUEEN
よこはまぜいかん
横浜税関

イスラムのモスクを思わせるドームが素敵。

モスク風ドームと白い姿が美しい

現在の建物は、昭和9年（1934）に失業者救済を兼ねて建てられた3代目。曲線的な造りと高貴な印象からクイーンと称される。資料展示室では、横浜税関の歴史や密輸に関する資料を展示。日没〜22時まで行うライトアップも美しい。

☎045-212-6053 ⏴横浜市中区海岸通1-1 ¥見学無料（資料展示室のみ）🕐10〜16時 ㊡施設点検日 ㊡みなとみらい線日本大通り駅から徒歩3分 Ｐなし MAP付録P11C2

▲横浜三塔でもっとも高い、高さ51mを誇る

3 JACK
よこはまかいこうきねんかいかん
横浜市開港記念会館

大正レトロな時計台は、物語にも登場しそう。

大正期の意匠を伝える赤レンガ造りの塔

横浜三塔のなかで最古参。開港50周年を記念して大正6年（1917）に建造された社交場。現在は公会堂として利用されている。赤い化粧レンガと白い花崗岩のコントラストが印象的。

☎045-201-0708 ⏴横浜市中区本町1-6 ¥見学自由 🕐10〜16時 ㊡第4月曜（祝日の場合は翌日）㊡みなとみらい線日本大通り駅からすぐ Ｐなし MAP付録P11C2
※2024年3月まで改修工事のため休館中。

▲高さ約36mの時計塔は大正時代にはとても画期的な存在だった

━━ こちらのハイカラ建築も気になります ━━

よこはまかいこうしりょうかん
横浜開港資料館

旧館は昭和6年（1931）に建てられた旧英国総領事館。ペリー来航時の記録など資料約27万点を所蔵。閲覧もできる。
☎045-201-2100 ⏴横浜市中区日本大通3 ¥入館200円 🕐9時30分〜17時 ㊡月曜（祝日の場合は翌日）、臨時休館あり ㊡みなとみらい線日本大通り駅から徒歩2分 Ｐなし MAP付録P11C2

にっぽんゆうせんれきしはくぶつかん
日本郵船歴史博物館

列柱はギリシャ・コリント様式。日本海運の歴史を紹介。
☎045-211-1923 ⏴横浜市中区海岸通3-9 ¥入館400円 🕐10〜17時（入館は〜16時30分）㊡月曜（祝日の場合は翌平日）、臨時休館日あり ㊡みなとみらい線馬車道駅から徒歩2分 Ｐなし MAP付録P11B1
※2023年4月1日〜2026年10月頃まで休館予定

きゅうだいいちぎんこうよこはましてん
旧第一銀行横浜支店

昭和4年（1929）、第一銀行横浜支店として建てられた建物を移築・復元。トスカーナ式オーダーの列柱を並べた半円形のバルコニーが特徴で、横浜市認定歴史的建造物。2023年1月現在は、外観のみ見学が可能。

⏴横浜市中区本町6-50-1 ㊡みなとみらい線馬車道駅からすぐ Ｐなし MAP付録P9C4

かながわけんりつれきしはくぶつかん
神奈川県立歴史博物館

明治37年（1904）竣工で国の重要文化財。神奈川の文化と歴史を紹介する。
☎045-201-0926 ⏴横浜市中区南仲通5-60 ¥入館300円（特別展別途）🕐9時30分〜17時（入館は〜16時30分）㊡月曜（祝日の場合は開館）、資料整理日 ㊡みなとみらい線馬車道駅から徒歩1分 Ｐなし MAP付録P11A2

📖 毎年3月10日は横浜三塔の日。3月中旬にはイベントが開催されます。この日に三塔を巡ると願いが叶うとか⁉

行き交う船や移ろう景色を眺めて
大さん橋で港町・横浜を感じましょう

世界の名高い大型客船も寄港する国際ターミナル・大さん橋は横浜港の玄関口。
ウッドデッキと芝生が広がる屋上広場では、360度のパノラマビューが楽しめます。

横浜の名所を
一望できます

北側に赤レンガ倉庫やビル群
が並び、南側は氷川丸や山下
公園、西側にはベイブリッジが
見える。

よこはまこうおおさんばし
こくさいきゃくせんたーみなる
横浜港大さん橋
国際客船ターミナル

「くじらのせなか」の愛称をもつ
屋上広場から絶景を満喫

国内最大級の客船ターミナルで、建
築や景観を楽しめるみどころたっぷ
りの施設。屋上広場には横浜港を見
渡す絶景が広がり、10万トン級の豪
華客船を間近で見ることも。柱を使
わないユニークな建築も注目だ。

☎045-211-2304 🏠横浜市中区海岸通
1-1-4 💴見学無料 🕐9時～21時30分 (屋
上・駐車場は24時間) 🈺無休 🚃みなとみら
い線日本大通り駅から徒歩7分 🅿最大400
台(有料) 🅼🅰🅿付録P10D1

1 スロープ状のウッドデッキの通路 2 屋
上からは見事な夜景が 3 くじらが口を
開けているような大さん橋ホールの入口
4 横浜ベイブリッジも絵になる眺め 5 横
浜三塔を一望できる場所のひとつ

イベントも楽しみな大さん橋

大さん橋ホールや屋上広場では、年間を通してさまざまなイベントが開催されます。海に関する催事やビアフェス、コンサートなど、公式サイトでスケジュールをチェックしましょう。

大さん橋に入港する憧れの大型客船

飛鳥Ⅱ
日本籍で最大の客船。船内には露天風呂のある大浴場やスパ、シアター、レストランなどを備える。

にっぽん丸
細やかなもてなしと多彩なエンタメが魅力。食事のおいしさにも定評があり「洋上のオーベルジュ」とうたわれるほど。

—————————— ＼ 大さん橋は食事処やショップも充実です ／ ——————————

いんたーなしょなる きゅいじーぬ さぶぜろ
International Cuisine Subzero
オーシャンビューの創作イタリアン

大さん橋の先端にあるレストラン。世界の旬食材や調理法を取り入れた創作イタリアンを絶景を眺めながら味わえる。港の夜景を望む幻想的な空間も魅力。利用は予約がおすすめ。

☎045-662-1099 ⏰11時30分～14時LO、17時30分～22時（土・日曜、祝日は17時～）休不定休

▶マンスリーディナーコース1万890円〜（サ込）

かふぇあんどだいにんぐ ぶるー たーみなる
café&dining blue terminal
横浜ベイブリッジや山下公園を一望

正面玄関隣にある全面ガラス張りのカフェ。一番人気のバターミルクパンケーキやblue terminal burger 1760円など、モーニングからディナーまで気軽に楽しめる。

☎045-227-8227 ⏰11～20時（土・日曜、祝日は～21時）休不定休

▶グリルチキンオーバーライス1430円

ろいやるういんぐぎふとしょっぷ
ロイヤルウイングギフトショップ
船にまつわるおみやげが揃う

クルーズ船「ロイヤルウイング」（☞P31）直営のショップ。オリジナルグッズは雑貨からお菓子まで種類豊富で、大さん橋限定品も販売。神奈川や横浜の名産品も取り扱う。

☎045-662-6125（ロイヤルウイング予約センター）⏰10～19時休不定休 ※変更の場合あり

▶船型チョコクランチ756円、マグカップ各1100円

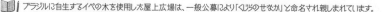

ハマっ子に愛され続ける
港町の3大名所を訪ねましょう

山下公園とマリンタワー、氷川丸は長年地元で愛され続ける横浜港のシンボル。
さわやかな海風や木漏れ日を感じながら、港町・横浜の3大名所を巡りましょう。

名所No.1

散策所要
30分

昭和5年(1930)に開園した日本初の臨海都市公園

やましたこうえん
山下公園

船の汽笛が響く海沿いの公園

豪華な客船やカモメが前を行き交い、のんびりとした時間が流れる海沿いの公園。関東大震災の復興のため、がれきを4年かけて埋め立てて完成した。園内には船溜まりを利用した沈床花壇や外国にまつわる記念碑も点在。2023年にはレストハウスがオープンする予定。

☎045-671-3648(横浜市都心部公園担当) 🏠横浜市中区山下町279 🕐🈲🈺散策自由 🚉みなとみらい線元町・中華街駅から徒歩3分 🅿222台(有料) MAP付録P10D2

〳おさんぽ途中で見つけた！異国情緒を感じるモニュメント〵

インド水塔
在日インド人協会から寄贈された水飲み場。天井には美しいモザイク模様が施されている。MAP付録P10D2

水の守護神
横浜と姉妹都市のアメリカ・サンディエゴ市から送られた。同市の市庁舎前にも同じ像がある。MAP付録P10E3

赤い靴はいてた女の子の像
昭和54年(1979)に建碑。野口雨情の横浜を舞台とする童謡・赤い靴に登場する少女の像。MAP付録P10D2

プリン ア ラ モード は横浜発祥

プリンとフルーツアイスがのった贅沢なスイーツはホテルニューグランドが発祥。本館1階コーヒーハウス「ザ・カフェ」では誕生当時の味を守り続けるプリン ア ラ モード1650円(別途サービス料)をいただけます。
☎045-681-1841 MAP付録P10E3

馬車道・山下公園● 港町の3大名所を訪ねましょう

よこはままりんたわー
横浜マリンタワー

横浜を一望できる 高さ94mの展望フロア

名所 No.2

見学所要 45分

昭和36年(1961)の建造以来の横浜のシンボル。展望フロアからは、360度のパノラマビューを楽しめる。レストランやショップ、アートギャラリーもある。

☎045-664-1100 住横浜市中区山下町14-1 ¥入場1000円(土・日曜、祝日は1200円。18時以降入場の場合は料金が異なる。季節により変動あり) ⏰10〜22時 休無休(臨時休業あり) みなとみらい線元町・中華街駅からすぐ P山下公園駐車場に連携あり MAP付録P10E3

1 2022年9月リニューアルオープン 2展望フロアから横浜の名所を一望 3一部の床はガラス窓になっている 4 18時以降はメディアアートと夜景の融合を楽しめる

にっぽんゆうせんひかわまる
日本郵船氷川丸

幾多の著名人を乗せた 歴史的名船

名所 No.3

見学所要 45分

設備とサービスの質のよさから、チャップリンら著名人に愛された豪華貨客船。船内は一般公開され、スイートルームから機関室まで、現役当時の姿を見学できる。

☎045-641-4362 住横浜市中区山下町山下公園地先 ¥入館300円 ⏰10〜17時(16時30分最終入館) 休月曜(祝日の場合は翌平日) みなとみらい線元町・中華街駅から徒歩3分 P223台(有料、山下公園内) MAP付録P10E2

1 シアトル航路用の貨客船として昭和5年(1930)に建造された。国の重要文化財 2船内のクラシカルな階段も当時のまま 3各国の賓客などが利用した一等特別室 4船の総司令室の操舵室も見学できる

横浜マリンタワーの2階にある横浜シティガイドデスク(☞P45)では、横浜の最新観光情報を発信しています。

今日はどこの国でディナー？
本場仕込みのワールドグルメ

港町として栄えた横浜には、インターナショナルなレストランが豊富です。
異国感漂う雰囲気を楽しみながら、世界各国の郷土料理をいただきましょう。

> ### サーモンの
> ### デンマーク風
> ### ディル漬け1930円
> ノルウェー産のサーモンを砂糖、塩、ディルで漬けた甘酸っぱいマリネ。マスタードが利いたソースでどうぞ。

れすとらん すかんでぃや

RESTAURANT SCANDIA

異国情緒満点の
北欧料理の老舗

デンマーク人オーナーから受け継いだ北欧料理を提供する。ニシンやホタテなど新鮮な魚介を使う料理がおすすめ。

☎045-201-2262 🏠横浜市中区海岸通1-1 🕐11〜22時（日曜は17時〜）🈚無休 🚋みなとみらい線日本大通り駅から徒歩3分 🅿なし MAP付録P11C2

もう一品！

▲ビーツのほか、にしんの3種盛り合わせ2260円

▲北欧のレリーフなどが並ぶ

トルコ

にゅーありばば

ニューアリババ

本場の味をいただく
トルコ料理店

関内のトルコ料理の老舗店。トルコ人シェフが作る料理は現地の味そのもの。トルコ産紅茶やアルコールも豊富。

☎045-651-0388 🏠横浜市中区相生町1-2 🕐11〜15時、17時〜23時30分 🈚無休 🅿11台 🚋みなとみらい線日本大通り駅から徒歩5分 🅿なし MAP付録P11B3

▶水・金〜日曜の20時からベリーダンスショーを開催

> ### 子羊肉のシシケバブ
> ### 1800円
> スパイスを利かせた特製ソースに子羊肉を1〜2日漬け串に刺して焼く。臭みがなく、さっぱりとした味わい。

ギリシャ

ぎりしゃりょうりあんどばー おりんぴあ

ギリシャ料理&バー
OLYMPIA

ギリシャ産の
こだわり素材の料理

元船乗りのギリシャ人がオーナーのギリシャ料理専門店。オリーブオイルやお酒をはじめ、本国から直輸入した上質な素材を使っている。

☎045-662-9115 🏠横浜市中区太田町2-30 🕐17〜23時 🈚日曜 🚋みなとみらい線日本大通り駅から徒歩5分 🅿なし MAP付録P11B2

▶ウゾをはじめギリシャのお酒がズラリと並ぶ

> ### ムサカ
> ### 1500円
> ジャガイモ、ミートソース、ナス、ホワイトソースの層を重ねてオーブンで焼き上げたギリシャを代表する料理のひとつ。

ランチも食べたい ワールドグルメ

「スカンディヤガーデン」ではRESTAURANT SCANDIA伝統の味をランチで気軽にいただけます。キャビアやフォアグラを使ったスカンディヤプレートは1700円(ランチ)とお得。
☎045-201-2262 **MAP**付録P11C2

イタリア

ししりや

Sisiliya

薪窯で焼き上げる 本格ナポリピッツァ

シチリア島で腕を磨いた職人によるナポリピッツァの専門店。400度以上の高温で焼き上げるピッツァは、マルゲリータを中心に40種類以上揃う。

☎045-671-0465 **住**横浜市中区相生町1-7 **◎**17〜23時(祝日の場合は営業) **休**日曜 **交**JR関内駅から徒歩5分 **P**なし **MAP**付録P11B2

マルゲリータ
(バジル・チーズ)
1430円

生地は前日に仕込むのがこだわり。シチリアの塩、水、小麦粉、酵母の身を使い、すべて手作り。

◀カウンター席が中心の小ぢんまりとした店

アロハ・リブ
1800円

パイナップルを使った秘伝のタレに1日漬け込んだ豚バラ肉は、後味さっぱり。手づかみで豪快にいただこう。

スペイン

かさ で ふじもり

CASA DE FUJIMORI

現地の雰囲気の中で 本格スペイン料理を

本場で修業したシェフが作るスペイン料理をリーズナブルに。パエージャなどスペイン各地の郷土料理を味わえる。

☎045-662-9474 **住**横浜市中区相生町1-25 **◎**11〜23時(日曜、祝日は12〜22時) **休**無休 **交**JR関内駅から徒歩5分 **P**なし **MAP**付録P11B3

パエージャバレンシアナ
1人前2100円
(注文は2名〜)

バレンシア地方の郷土料理。サフランを加え炊き上げたお米にムール貝などの魚介が豪快にのる。おこげもおいしくいただける。

◀店内のあちこちにスペインのアンティークが配されている

もう一品!

▲濃厚な味わいのビーフステーキカレー2950円

ハワイ

さんあろは みなとみらい
やましたこうえんほんてん

サンアロハ みなとみらい 山下公園本店

ハワイ気分に浸る リゾート風レストラン

ハワイアンミュージックが流れる南国風のレストラン。ハワイでおなじみの料理や15種のオリジナルカレーが揃う。

☎045-663-5555 **住**横浜市中区海岸通1-1 **◎**11時30分〜15時、17〜22時LO(土・日曜は11時30分〜22時LO) **休**不定休 **交**みなとみらい線日本大通り駅から徒歩3分 **P**なし **MAP**付録P11C2

▲店内はハワイムード満点

 サンアロハはテイクアウトOK。天気のよい日は、山下公園でピクニック気分のランチもおすすめです。

このスイーツがおいしい！
イマドキカフェでひと休み

このエリアには、こだわりのスイーツを提供するおしゃれなカフェが急増中。
季節のアフタヌーンティー、パフェ、かき氷など、よりどりみどりです。

アフタヌーンティー
6000円
季節のフルーツ焼菓子、
ミニパフェなどが付く。
要予約

みずのぶふるーつぱーらー
水信フルーツパーラー

高品質のフルーツを贅沢に堪能

「ポスト・クラシック」をテーマにした空間で、
フルーツを使ったパフェやワッフル、ケーキ
を味わえる。横浜の老舗果物店直営のため、
フルーツの新鮮さは抜群。アフタヌーンティ
ーは平日12時30分〜と15時〜の2部制。

☎045-662-9295 住横浜市中区北仲通5-57-2
KITANAKA BURICK&WHIT1階 営11〜20時
休施設に準ずる 交みなとみらい線馬車道駅直結
P150台(有料) MAP付録P11A1

ほかにも！
おすすめmenu
・フルーツパフェ
 2500円
・プリン・ア・ラ・モード
 2100円

▶内装デザインは水戸岡
鋭治氏が担当

かもめひょうかてん
カモメ氷菓店

天然氷ならではのふわふわかき氷

名水百選「八ヶ岳南麓高原湧水群」の天然水
で「蔵元八義」が作る天然氷を使用したかき
氷の専門店。特注の刃で極薄に削る氷は、口
に入れたとたんにふわっと溶ける。果樹農家
直送のフルーツなどを使った自家製シロップ
も絶品。

☎045-305-6814 住横浜市中区海岸通4-22 営11
〜18時 休月曜(火曜の場合は翌日) 交みなとみらい線
馬車道駅から徒歩1分 Pなし MAP付録P11B1

生いちご
1600円
イチゴを使った完全非加熱
のフレッシュなシロップに、
特製練乳を合わせている

ほかにも！
おすすめmenu
・蜂蜜檸檬クリーム1600円
・濃厚ピスタチオ&赤い実の誘惑
 1600円

◀カウンター10席のみの
小さな店

ハワイの名店が
横浜マリンタワーに
復活しました

リニューアルした横浜のシンボルに「Eggs 'n Things 横浜マリンタワー店」が登場。ストロベリー、ホイップクリームとマカダミアナッツのパンケーキ1380円。
☎045-225-8973 MAP付録P10E3

れ・ざんじゅ・べい やましたこうえんてん
る・もんぶらん・カフェ

レ・ザンジュ・ベイ 山下公園店 ル・モンブラン・カフェ

鎌倉山をイメージしたモンブラン

鎌倉の有名パティスリー「鎌倉レ・ザンジュ」が横浜に出店。2階には、その名のとおりモンブランが自慢のカフェがある。しぼりたてのモンブランは、プレートの盛り付けもおしゃれ。
☎045-225-8497 住横浜市中区山下町26-1 ⏰11～17時 休なし 交みなとみらい線元町・中華街駅から徒歩3分 Pなし MAP付録P10D3

源氏山
～しぼりたてモンブラン～
1312円

四万十川流域で採れた和栗に、ラム酒を効かせたマロンペーストを使用

◀スタイリッシュかつ落ち着いた雰囲気

ほかにも！おすすめmenu
・天園～モンブラン パフェ～1540円
・鎌倉山～モンテビアンコ～1100円

マスクメロンのパフェ
2420円

自家製メロンソルベやマスカルボーネクリームを使用した定番

る・ぱるふぇ ばしゃみち

ル・パルフェ 馬車道

本格派パフェが常時約10種類

パフェ好きが足しげく通う人気店。フレッシュなフルーツを使うパフェは、定番と季節限定品を用意。チーズやクリームを重ねたグラスにスプーンを入れ、「縦掘り」して味わおう。
☎045-306-6111 住横浜市中区住吉町5-57 馬車道会館2階 ⏰13時～20時30分LO（金・土曜は～21時30分LO、日曜、祝日は～17時30分LO）休月曜、隔週火曜 交みなとみらい線馬車道駅から徒歩3分 Pなし MAP付録P11A2

ほかにも！おすすめmenu
・チョコレートバナナのパフェ
　1760円
・キャラメルバナナのパフェ
　1760円

▶馬車道商店街を見下ろせる

港町のおとなの隠れ家
今宵はBarで過ごします

バーの発祥地として長い歴史をもつ横浜には、魅力的なバーが点在。
横浜で生まれたカクテルを片手に、大人のくつろぎ時間を過ごしましょう。

ココにうっとり
上品なインテリアと、長い歴史を物語る重厚な雰囲気がオトナ♪

ココにうっとり
舵のオブジェが配され、洋酒が並ぶカウンターは港町の雰囲気満点!

ヨコハマ 1485円
ジン、ウォッカをざくろシロップなどとシェイク。フルーティーだがアルコールは強め。

アメリカン・レモネード 1000円
レモネードに赤ワインを注ぎ重ねたもの。お酒が弱い人にも飲みやすくておすすめ。

ばー しーがーでぃあんつー
バー シーガーディアンⅡ

チャージ なし

石原裕次郎も愛した名店

昭和2年(1927)開業のホテルニューグランド(☞P113)内にあり、著名人も通ったバー。歴史を感じるたたずまいのなか、横浜発祥のカクテルをいただこう。ホテル発祥のマティーニ ニューグランドもおすすめ。サービス料は別途15%。
☎045-681-1841(ホテルニューグランド)住横浜市中区山下町10 営17～23時 休無休 交みなとみらい線元町・中華街駅からすぐ MAP付録P10E3

▲確かな腕を持つバーテンダーのカクテルを堪能

ばー すりーまてぃーに
バー スリーマティーニ

チャージ 500円(テーブルのみ)

港町の風情が漂うオーセンティックバー

オールドボトルやランプがずらりと飾られた店はどこかノスタルジック。港の情緒を感じながらゆっくりとくつろぐことができる。横浜発祥のカクテルのほか、特製オイルサーディン1200円などの料理も好評。
☎045-664-4833 住横浜市中区山下町28-2ライオンズプラザ山下公園104 営15～24時(土・日曜は14時～) 休月・火曜 交みなとみらい線元町・中華街駅から徒歩2分 Pなし MAP付録P10D3

▲おすすめは濃厚な味の自家製ジェノベーゼ1300円

ライブレストランで
臨場感あふれる
パフォーマンスを

「Billboard Live YOKOHAMA」では、国内外のアーティストのライブを堪能しながら、食事やお酒を楽しめます。2階はステージフロア、3階はカジュアル席。
☎0570-05-6565（インフォメーション）
MAP 付録P11A1

馬車道・山下公園 ● おとなの隠れ家、Barで過ごします

ココにうっとり
センスが光る調度品が並び、貴賓室のような上品な空間が広がる。

ココにうっとり
重厚なカウンターとバックバーの銘酒たちが大人の語らいを演出。

ラストキッス 1320円
ラム、ブランデーにレモンジュースをプラス。大人好みのさっぱりとした辛口。

グレートサンライズ 1500円
フレーバーウオッカをベースにしたカクテル。2011年世界大会総合優勝の逸品。

ぴるぐりむ ないんてぃーんす くらぶ

チャージ 540円

PILGRIM 19th CLUB

英国のクラブハウスを思わせる上質な空間

セレクトショップTOMORROWLANDが手がけるバー。アンティーク家具などが並ぶ重厚な雰囲気に気持ちも引き締まるが、気さくなスタッフが心を和らげてくれる。オリジナルカクテル1320円〜。

☎045-201-7351 個横浜市中区弁天通5-70日本興亜馬車道ビル地下1階 ⏰17時〜翌1時（土曜は〜24時）休日曜、祝日 交みなとみらい線馬車道駅から徒歩3分 Ｐなし **MAP** 付録P11A2

▲ポテトサラダ880円など、料理もおいしいのでお試しを

ばー のーぶる

チャージ 800円

Bar Noble

世界が認めたテイストを楽しめる大人の隠れ家

カクテルの世界大会で優勝経歴をもつバーテンダーの鮮やかな手技が見られるオーセンティックバー。アールヌーボー調の店内にはクラシックが流れ、女性一人でも入りやすい落ち着いた雰囲気にリピーターも多い。

☎045-243-1673 個横浜市中区吉田町2-7VALS吉田町1階 ⏰18時〜翌1時LO 休日曜（月曜が祝日の場合は営業）交JR関内駅から徒歩3分 Ｐなし **MAP** 付録P11A3

▲カクテルの魔術師が作る一杯をじっくりと味わいたい

 万延元年（1860）にヨコハマ・ホテル内に開業したバーが日本のバーの始まり。今も山下町周辺には多くのバーが軒を連ねます。

マリン×ブルーなセレクトショップで
お気に入りを探しましょう

さわやかなマリンテイストやブルーを基調としたアイテムは、横浜らしさ満点。
普段使いできる雑貨やおみやげが揃うセレクトショップでお買い物を楽しんで。

シグナルフラッグ 刺繍ラペルピン
各880円 Ⓐ
海の言葉・信号旗を刺繍。AからZまでアルファベットを表す26種類

ブルーダル マーブル
183円 Ⓑ
濃いブルー、薄いブルー、白の3色でまとめた粒チョコレート

横浜ポートサイダー
1本250円 Ⓐ
昔ながらの製法で作られた地サイダー。ラベル内側のドット模様がポイント

海図レターセット
550円（A5）
770円（A4）Ⓑ
廃版となった海図をステーショナリーに再生。柄はすべて異なる

ブルーダルトートバッグ
880円 Ⓐ
青い夜空をブルーダルがロケットで飛び回る。綿100%のキャンバス地

横浜立体 マグネット
各715円 Ⓑ
ランドマークタワーをはじめ、横浜の名所がずらり。昼と夜の2種類

えくすぽーと
エクスポート Ⓐ
横浜ならではのデザイングッズ
横浜生まれのキャラクター・ブルーダルのグッズをはじめ、オリジナル商品が豊富に揃う。
☎045-650-8210 住横浜市中区山下町1 シルクセンター1階 時10時30分〜18時 休土・日曜、祝日 交みなとみらい線日本大通り駅から徒歩3分 Pなし
MAP付録P10D2

シルクセンター1階に位置する

まりんたわーしょっぷ
マリンタワーショップ Ⓑ
マリンタワーグッズならココ
横浜マリンタワー（☞P51）のおみやげのほか、横浜市認定「横濱001」の商品も並ぶ。
☎045-662-6688 住横浜市中区山下町14-1 横浜マリンタワー2階 時10〜19時 休無休 交みなとみらい線元町・中華街駅から徒歩1分 Pなし
MAP付録P10E3

同フロアには観光案内所もある

異国の香り漂う アンティークショップへ

「キヤ アンティークス」は、イギリス、フランスを中心としたヨーロッパのアンティーク家具専門店。3階建てのショップでは、照明、カップやグラス、雑貨、ジュエリーなども取り扱っています。
☎045-641-1440 **MAP**付録P10E4

アンカーチャーム
各660円（L）**C**
ツヤのある陶器製のチャームはバッグなどにつけて。ブローチもある

BLUE BLUE ショットグラス アンカー
各880円 **D**
鮮やかなコバルトブルーと定番のホワイト。縦6cm、横5cm

ブレスレット
各1000円 **C**
イタリアの本革を使用した作家の作品。パールや貝のパーツが海らしい

YOKOHAMA マーメイドプリント Tシャツ
5940円 **D**
レトロなマーメイドのイラストがかわいい。XSからXLまで5サイズ

カップ
各825円 **C**
外国のアイスカップをイメージしたレトロなデザイン。小物入れにしても

BLUE BLUE ヨコハマバンダナ
各1540円 **D**
港にまつわるイラストを散りばめたデザイン。ネイビーとレッドの2色

ぶるーす
bluee-s **C**
青色をベースにした雑貨店
インテリアグッズから洋服、食器まで扱う。店名のとおり、ブルーが基調のアイテムが充実。
☎045-662-3286 **住**横浜市中区海岸通1-1 大桟橋共同ビル1階 **時**11時～20時30分 **休**不定休 **交**みなとみらい線日本大通り駅から徒歩5分 **P**なし
MAP付録P10D2

大さん橋のたもとにある小さな店

ぶるー ぶるー よこはま
BLUE BLUE YOKOHAMA **D**
港町の風情を感じるカジュアルショップ
デニムを中心に展開するオリジナルブランド「BLUE BLUE」をはじめ、アパレルや雑貨を取り扱う。港町・横浜をイメージした店舗限定品も人気。
☎045-663-2191 **住**横浜市中区海岸通1-1 **時**11～19時 **休**無休 **交**みなとみらい線日本大通り駅から徒歩5分 **P**なし
MAP付録P10D2

海に面したフォトジェニックな建物

馬車道・山下公園 ● マリン×ブルーなセレクトショップ

このエリアには、海外のアンティーク雑貨や家具を扱う店がたくさん。宝探し気分でお買い物してみては。

ふむふむ
コラム
fumu fumu

数々の名曲が生み出された
Music in YOKOHAMA

著名なミュージシャンや、名曲を生み出してきた港街、横浜。
誰もが一度は聞いたことのある、その舞台がここにあります。

マリーンルージュ

横浜港を周遊する客船。ロマンチックな夜景と食事を楽しめる。

DATA ☞P31

大黒ふ頭

山下公園対岸に位置。ベイブリッジを間近に望むことができる。

MAP 付録P4F2

サザンのあの名曲も
山下公園界隈が
舞台です

数ある横浜ソングの中でもよく知られているのがサザンオールスターズ『LOVE AFFAIR ～秘密のデート』。禁断の恋に溺れる男性の気持ちをさわやかなメロディに乗せて歌う甘く切ないこの曲は、テレビドラマの主題歌にもなった。サビでは山下公園周辺を2人で巡った思い出が綴られている。そのロマンチックな描写の中には、マリーンルージュやバー シーガーディアンⅡなどの名所も多く登場するので、名曲に思いを馳せながら訪れるのもおすすめだ。ほか、桑田佳祐ソロ曲『ダーリン』には中華街や山手、本牧ふ頭が登場。PVも横浜が舞台に。

聴いて
おきたい
名曲はコレ

『LOVE AFFAIR
～秘密のデート』
サザンオールスターズ

バー シーガーディアンⅡ

ホテルニューグランド伝統のメインバーは大人の雰囲気が漂う。

DATA ☞P56

中華街

『ダーリン』で歌われている中華街。PVにも街並みが度々登場する。

DATA ☞P62

まだまだあります、横浜ソング

『海を見ていた午後』
松任谷由実（荒井由美）

別れた恋人との思い出のレストラン。そこへ再び訪れた時の思いを表現した名曲。舞台となった「山手のドルフィン」は今も坂の上にある。

**カフェ&レストラン
ドルフィン** 根岸

☎045-681-5796
MAP 付録P2D3

▶JR根岸駅から徒歩10分ほど。イルカを描いた看板を目印にしよう

『秋の気配』
オフコース

「港の見える丘公園」を舞台に、破局のシーンを描いた曲。小田和正作曲の美しい旋律にのせて、別れを決意した男性の歯がゆい思いを歌う。

**港の見える
丘公園** 山手

DATA ☞P101

▶公園の展望台からは、横浜ベイブリッジや横浜港が一望できる

『桜木町』
ゆず

桜木町周辺の情景と別れた恋人との思い出を綴った曲。横浜出身のゆずの2人が東急東横線桜木町駅の廃止を惜しんで作ったのだそう。

コスモクロック21 桜木町

DATA よこはまコスモワールド☞P40

▶曲中で「花火みたいだね」と歌われた大観覧車「コスモクロック21」

美味しい！かわいい！
横浜に来たなら中華街はマストです

何回訪れても、わくわくドキドキがいっぱいの中華街。
定番の名店で心ゆくまで中国料理を楽しんだ後は、
路地裏の個性派グルメや雑貨の店ものぞいてみましょう。
今日も必ず新しい発見があるはずです。

これしよう！
中華街といえば
食べ歩き♪
中華まんは店頭でふかし
たてを味わうのが一番。
変わりダネも。（☞P76）

これしよう！
中華街の神様へ
お参りしよう
横浜関帝廟、横濱媽祖廟
は、極彩色の装飾も必見。
（☞P84・85）

これしよう！
日本最大の中華街で
絶品料理をいただく
中国料理の店は約200店。食
べたいものや予算に合わせて
選ぼう。（☞P64〜）

世界有数のチャイナタウンでグルメ三昧

中華街
ちゅうかがい

かわいいパンダグ
ッズをおみやげに

中華街は
ココにあります！

横浜

横浜
・赤レンガ倉庫

中華街

石川町　元町・
中華街

こんなところ

年間約2000万人が訪れる横浜の中華街は、
いつ訪れてもお祭りのような賑やかさ。本
場の料理人が腕をふるう中国料理の店は、
老舗の高級店から食べ放題、ツウが通う穴
場までバラエティ豊かに揃う。中国直輸入
の食材や雑貨の店を含めると、総店舗数は
約630店にのぼる。

access

●横浜駅から
横浜駅からみなとみらい線で元
町・中華街駅まで8分、JR根岸線
で石川町駅まで6分

問合せ
☎045-211-0111
桜木町駅観光案内所
広域MAP
付録P4D3〜P5C3

～中華街　はやわかりMAP～

メインストリートは
中華街大通り

老舗や大型店が並ぶ
中華街大通りは、中
華街一賑やかな通り。

ChinaTown80
Hallで情報収集

朝陽門を入ってすぐ。
☎045-681-6022
MAP 付録P14D2

横浜スタジアム

横浜スタジアム前

横浜スタジアム前

関内へ

JR根岸線

石川町駅

石川町JCT

横浜市中区役所　大桟橋通り

薩摩町中区役所前

中区役所前

ホテルJALシティ
関内横浜

ロイヤルホールヨコハマ

加賀町警察署北

洗手亭

加賀町署
善隣門

2 横浜博覧館
（☞P63）

広東道　北門通り　開港路

中華街大通り

3 横浜開運水族館
フォーチュンアクアリウム
（☞P63）

みなと総合高

延平門

中華街西門

緑苑

横浜
中華学院

地久門

港中

横浜中央病院

吉浜橋

中央病院前

レイトンハウス

中山路

太平道

恵びす温泉

市場通り

東京芸大元町中華街校舎

前田橋

横濱媽祖廟

山下町
公園

関帝陽通り

天長門

景徳鎮　本館

菜香新館

ブタまんの江戸清
中華街本店

上海路

香港路

南門シルクロード

日本大通りへ

本町通り

みなとみらい線

芸術劇場・NHK前

KAAT
神奈川
芸術劇場

山下町

ローズ
ホテル横浜

中華街入口

朝陽門

横浜関帝廟

1 横浜大世界
（☞P63）

中華街東門

横浜天主堂跡

China
Town80 Hall

山下町

中華街東門・
元町・
中華街駅

朱雀門（南門）

首都高速狩場線

中村川

元町通り

山手へ

0　50m

観光のヒント
朝が遅く、夜が早い
中華街の料理店

11時以降に開店、
21時台に閉店する
店が多い。営業時
間を調べておこう。

\ 中華街の遊べるスポット /

1 横浜大世界
よこはまだいせかい

錯視を利用した不思議空間
「アートリックミュージアム」
をはじめ、見る、味わう、買う
ができる「横浜チョコレート
ファクトリー＆ミュージアム」
などがある、8階建ての遊び
の殿堂。おみやげ探しなら
「横浜大世界マーケット」へ。
☎045-681-5588
MAP 付録P14E3

2 横浜博覧館
よこはまはくらんかん

「横浜大世界」の姉妹館。中
華街最大級のおみやげ店や
「ベビースターランド」がある。
☎045-640-0081
MAP 付録P15C2

3 横浜開運水族館
よこはまかいうんすいぞくかん
ふぉーちゅんあくありうむ
フォーチュンアクアリウム

縁起のいい"開運魚"を展示
するユニークな水族館。
☎非公開　**MAP** 付録P15C2

4大中華を食しましょう
北京料理&上海料理

PART I

美食尽くしの中国大陸で、各地の郷土料理の影響を受けている北京料理。
上海料理は、新鮮な魚介を使いあっさりと仕上げた味が特徴です。

**牛ヒレ肉の
中華カレーライス**
1760円

煮込まず炒めて作る中華
カレーライスは、特製の鶏
スープが味の決め手。

北京ダック
4枚 4400円

自家製甜麺醬をつけ薄餅
で巻いて味わえば、香ばし
い皮の脂まで美味。

ふかひれの煮込み
4180円

フカヒレをコクと旨みが凝
縮された鶏白湯スープで
煮込む。

**イベリコ豚の
黒酢すぶた**
2640円

厚切りにカットされたイ
ベリコ豚と、香り高い黒
酢がベストマッチ。

✦ 北京料理とは・・・ ✦

中国全土の高級食材を集め、首都北京で誕
生した宮廷料理と、餃子などの庶民の味。寒冷
のため米が取れず、小麦粉を使う料理が多い。

**お昼の特選
点心コース**
2980円

点心専門の調理師が作
る人気の小籠湯包やエ
ビチリソースなど全9品

よこはまちゅうかがい ぺきんはんてん
横浜中華街 北京飯店

名店でいただく伝統の北京ダック

昭和30年 (1955) の創業以来、伝統の味を
大切にした北京料理を提供。人気メニュー
の北京ダックは、予約なしでも食べられる手
軽さがうれしい。下ごしらえから丁寧に作ら
れ、注文を受けてから調理されるため、香ば
しくパリッとした食感が楽しめる。

老舗の風格をもちつつも
気軽に利用できる雰囲気

☎045-681-3535 🏠横
浜市中区山下町79-5 🕚11
時30分〜21時LO 🈚無休
🚇みなとみらい線 元町・中華
街駅からすぐ 🅿提携駐車場
利用 MAP 付録P14E2

◆予算目安
昼1名1500円〜 (予約不要)
夜1名3500円〜 (予約不要)

おみやげにはコレ!

一番人気の五目肉まん
500円のほか、ほんのり
と甘酸っぱいなつめの黒
餡が入った桃まん550円
もおすすめ。

海鮮を食べるなら
新鮮な食材を生かした
福建料理もおすすめ

海の幸を多用した福建料理を味わう
なら「慶福楼本店 市場通り」へ。季節
の魚介を焼き上げた海鮮の鉄板焼
2079円は、夏はマテ貝、冬はカキが
登場します。
☎045-681-5256 MAP付録P14D2

◆ 上海料理とは・・・ ◆

海に近い上海では、新鮮な魚介や野菜
を生かした味付けが特徴。淡白な風味の
料理のほか、豚バラの角煮など濃厚な味
わいのものもある。

じょうげんろう よこはまちゅうかがいほんてん
状元樓 横浜中華街本店

オールド上海の雰囲気を味わえる

「東洋のパリ」とうたわれた1920年代の上海がコ
ンセプト。本場出身の一流シェフが、昭和30年
(1955)の創業時より伝わる伝統的な上海料理か
ら、モダンな創作料理まで手がける。ランチの状元
特製フカヒレコース3190円も人気。

☎045-641-8888 住横浜市中区山下町191 11時30
分〜22時(21時30分LO) 休無休 交みなとみらい線元町・
中華街駅から徒歩3分 MAP付録P14D2

◆予算目安
昼1名1650円〜(予約不要)
夜1名6000円〜(予約不要)
※コースは要予約
調度品は上海から調達
したもの

状元特上 フカヒレ姿の
土鍋煮込み 白湯仕立て
8800円〜

丁寧に下ごしらえをし、フ
カヒレ独特の食感を生
かした味付けで提供。

状元特製 上海小籠包
4個968円

もっちりとした皮からあ
ふれ出す熱々の肉汁
がたまらない名物。

MANGO MANGO!!
1320円

3種類のマンゴーを使
い、タピオカ、ナタデココ
なども入る。

こちらも上海料理の名店です

関帝廟通りにあり、個性的な
外観が印象的

排骨と上海餅の炒め
2200円
ろんじんしゃーれん
龍井蝦仁
(龍井茶と芝エビの
香り炒め)
2200円

さんわろう
三和楼

新鮮な魚介を使った上海料理

昭和37年(1962)創業。上海蟹やエビな
どの新鮮な魚介を使う料理は、素材の持
ち味を生かすよう薄味に仕上げられてい
る。龍井蝦仁はあっさりとした味の中に緑
茶のほのかな渋みとエビの甘みを感じら
れる人気の一品。

☎045-681-2321 住横浜市中区山下町190
11時30分〜20時45分LO 休水曜(変動あり)
交みなとみらい線元町・中華街駅から徒歩5分 Pな
し MAP付録P14D3

◆予算目安
昼1名2000円〜(予約不要) 夜1名3500円〜(予約不要)

中国料理では、魚翅はフカヒレ、蝦米は干しエビ、炸は揚げ物、焼は煮物を表します。

4大中華を食しましょう
広東料理&四川料理

PART Ⅱ

広東料理は陸・川・海に恵まれた土地に根付き、多彩な食材を味わえます。
さまざまな香辛料をふんだんに使う四川料理は、体が熱くなるほどの辛みが特徴です。

◆ 広東料理とは・・・ ◆

海に近く気候に恵まれた広東地方の料理。海鮮やツバメの巣など多様な食材を使うのが特徴で素材を生かしあっさりとした味の料理が多い。

萬珍樓 本店
（まんちんろう ほんてん）

中華街を代表する広東料理の老舗

中華街大通りでひと際目を引く、明治25年（1892）創業の名店。厳選した素材の味を生かした広東料理を提供する。コースを中心に、アラカルトも100種類以上用意。

☎045-681-4004 住横浜市中区山下町153 ⏰11〜15時、17〜22時（土・日曜、祝日は11〜22時）休月曜（祝日の場合は営業）交みなとみらい線元町・中華街駅から徒歩5分 P提携駐車場あり MAP付録P15C2

◆予算目安
昼1名2800円〜
夜1名6000円〜
※いずれも予約が好ましい

世代を超えて愛される名店

窯焼き四色前菜
3900円

本場香港の焼き物職人が焼き上げたチャーシューなどの盛り合わせ。

大海老の
マヨネーズソース
3600円

大ぶりなブラックタイガーを揚げ、特製マヨネーズソースを絡める。

鮮魚の姿蒸し
時価

料理長自ら市場で仕入れた魚を絶妙な火加減で調理。写真は赤ハタ。

こちらも広東料理の名店です

中華街では珍しく遅くまで営業しており、地元客が集まる

豚バラ肉の角煮
2178円

丁寧に脂抜きした豚バラ肉に、秘伝のタレが染み込んでいる。

景珍樓 本館
（けいちんろう ほんかん）

中華街の料理人が通う人気店

本格的な広東料理を気軽に味わえる店。看板メニューは、自家製の蒸しパンにはさんでいただく豚バラ肉の角煮。二種大海老の盛り合わせや景珍樓特製激辛マーボートーフ1650円もおすすめ。中華街の料理人も通う。

☎045-663-6228 住横浜市中区山下町218 ⏰12〜24時（23時30分LO）休無休 交みなとみらい線元町・中華街駅から徒歩5分 Pなし MAP付録P15B2

◆予算目安
昼1名1078円〜（予約不要）夜1名3000円〜（予約不要）

あっさり味で食べやすい台湾料理はいかが？

関帝廟通り山下町公園近くにある「秀味園」は、日本人好みの薄味が特徴の台湾料理店。ひき肉、角煮、煮玉子、高菜がのる名物ルーローハン550円をいただきましょう。
☎045-681-8017 **MAP**付録P14D3

◆ 四川料理とは･･･ ◆

中国内陸の四川地方で発達。麻（中国山椒）や辣（四川唐辛子）などの多彩な香辛料を多く使うため、痺れるような特有の辛みがある。

けいとくちん ほんかん
景徳鎮 本館

また食べたくなる本場由来の激辛料理

四川出身の料理人が作る麻婆豆腐が有名。中国山椒や四川唐辛子をはじめ、さまざまな香辛料を駆使して作る料理の数々は、奥深い味わいで箸がどんどん進む。好みで辛さを調節してくれる。

☎045-641-4688 ⊕横浜市中区山下町190 ⏱11時30分～21時30分LO（土・日曜、祝日は11時～）**休**無休 🚇みなとみらい線元町・中華街駅から徒歩6分 **P**なし **MAP**付録P14D2

◆予算目安
昼1名750円～（予約不要）
夜1名3000円～（予約不要）

絵画が飾られた店内。
2～3階もある

季節青菜と
唐辛子の炒め
1760円

ターツァイなどの季節の青菜とショウガ、ネギ、唐辛子を炒めた品。

牛肉の薄切り
山椒辛子煮
1980円

牛肉を炒めてから山椒粉などで煮たもの。ゴマ油の香りが香ばしい。

四川マーボー豆腐
1980円

唐辛子や漢方など10種以上の香辛料を使う。激辛だが後味すっきり。

こちらも四川料理の名店です

老舗の風格を漂わせる、上品な店内

海老の唐辛子炒め
3600円

四川風胡麻味噌
辛し入りスープそば
1600円

じゅうけいはんてん よこはまちゅうかがい しんかんれすとらん
重慶飯店
横浜中華街 新館レストラン

老舗四川料理店の味をお手軽に

昭和34年（1959）創業の四川料理の老舗・重慶飯店の新館。老舗の味を受け継いだ料理は、メニューも多彩。海老の料理は塩炒めなど4つの味付けから選べる。

☎045-681-6885 ⊕横浜市中区山下町77ローズホテル横浜1階 ⏱11時30分～14時、17～22時（土・日曜、祝日は11時30分～22時）**休**無休 🚇みなとみらい線元町・中華街駅からすぐ **P**80台（有料）**MAP**付録P14D1

◆予算目安
昼1名3000円～（予約不要）　夜1名6000円～（予約不要）

📖 中国料理の料理名は、材料＋調理法や材料＋材料の組み合わせ。有名な青椒肉絲はピーマン（材料）と細切り肉（材料）の炒め物です。

並んでもいただきたい！
路地裏にある名店の看板メニュー

各店が料理の腕前を競い合う中華街では、個性的かつ美味なメニューが勢揃い。
ツウが通う路地裏の名店で、名物料理を食しましょう。

謝甜記 弐号店
しゃてんき にごうてん

体にやさしい中華粥

昭和26年（1951）創業の老舗お粥専門店。乾燥カキに乾燥貝柱、鶏をまるごと1羽使ったスープで生米からじっくりと炊きあげる、旨みたっぷりの一杯をいただこう。鮑魚粥（あわびかゆ）2370円も用意。

☎045-664-4305 🏠横浜市中区山下町189-9 🕐8時30分〜15時、17時〜20時30分LO（金曜夜は〜21時30分LO、土曜は8時〜21時30分LO、日曜は8時30分〜20時30分LO）🈶無休 🚉みなとみらい線元町・中華街駅から徒歩3分 🅿なし 📍付録P14D2

白を基調にした上品な店内

さっぱりヘルシー風味豊かなとろける粥

海老粥（中碗サイズ）780円
中碗サイズはプリプリの芝海老が3尾。5尾のる普通サイズは890円。

ねらい目タイム
朝は朝食での利用が多いので、17時前後が◎。

ほろりととろけるやわらかな牛バラ肉

牛バラ煮込みご飯 990円
ビーフシチューのように濃厚だが、八角が利いて後味はさっぱり。

愛群
あいちゅん

リピーター続出の逸品

広東の家庭の味を楽しめる家族経営の店。素材選びから調理まで、丹精込めて作られる料理に定評がある。丁寧に下ごしらえした肉を秘伝のタレで煮込む牛バラ煮込みは、箸でほぐれるほどやわらかく、優しい味が口いっぱいに広がる一皿。休日は売り切れ必至なのでお早めに。

☎045-641-6245 🏠横浜市中区山下町138 🕐11時30分〜14時、16時30分〜20時 🈶月曜（祝日の場合は翌日）🚉みなとみらい線元町・中華街駅から徒歩6分 🅿なし 📍付録P15C3

2023年2月改装オープン。関帝廟通り沿い

ねらい目タイム
平日の13〜14時頃。土・日曜は行列を覚悟して。

渡り蟹を丸ごと！
興昌名物の
豪快な一皿

創作カニ料理で有名な「興昌」の渡り蟹の炒め2970円は、カニ2杯を使った贅沢な逸品。食べ終わりには、カニの旨みが溶け出したスープを別注の麺495円とからめて味わうのがツウのやり方です。
☎045-681-1293 MAP 付録P15C3

お客の9割が注文
ジューシー水餃子

さんとんにごうてん
山東2号店
モッチリ皮の水餃子は必食

中華街でも珍しい山東料理店。塩味のあっさりとした料理が並ぶなか、特に人気なのは平日でも2000個以上を作るという水餃子。モッチリとした厚めの皮に包まれた餡は、豚のエキスをたっぷり含んでいる。自家製タレともマッチ。

☎045-212-1198 🕐11～24時 住横浜市中区山下町150 休無休 交みなとみらい線元町・中華街駅から徒歩6分 Pなし MAP 付録P15C2

水餃子（10個）
880円
豚ひき肉とニラがギッシリと詰まった餡はアツアツでジューシー。

ねらい目タイム
夕飯前の16～18時なら比較的スムーズ。

広東道と香港路のT字路角にある

かんとんりょうり なんえつびしょく
広東料理 南粵美食
エビの旨みが凝縮した名物麺

広東出身の黄さんが腕を振るう店。看板メニューはエビの旨みを堪能できる香港海老雲吞麺。

☎045-681-6228 住横浜市中区下町165-2 🕐11時30分～23時30分 休水曜 交みなとみらい線元町・中華街駅から徒歩1分 Pなし MAP 付録P14D2

店は開港道沿いにあり、長い行列が目印に

ねらい目タイム
開店前から行列するので覚悟して食べに行こう。

ワンタンの皮の中に
海老がぎっしり！

香港海老雲吞麺
980円
ダシの効いたあっさりスープの塩ラーメンの上に大きな海老ワンタンが4つのる。

一度食べたら虜になる
絶品チャーハン

渡り蟹の餡かけチャーハン
1320円
ほぐしたカニの身や卵、カニ味噌も入ったぜいたくなひと皿。

りゅうほうしゅか
龍凰酒家
カニの旨さをチャーハンで堪能

毎朝、横浜中央市場で仕入れる海鮮の料理が自慢。渡り蟹を丸ごと使った餡かけチャーハンが大好評。

☎045-662-9201 住横浜市中区山下町152 🕐11時30分～14時、17時30分～22時 休火曜 交みなとみらい線元町・中華街駅から徒歩5分 Pなし MAP 付録P15C2

昭和56年 (1981) にオープンした広東料理の人気店

ねらい目タイム
平日、休日ともに開店直後に行くのがおすすめ。

📖 「謝甜記 貳号店」では、テイクアウトのお粥も販売しています。海老粥、三鮮粥各730円など。

中華街に来たらぜひ食べたい！個性派麺をお試しあれ

横浜の中華街には工夫を凝らした変わり種麺を楽しめる店が揃っています。
ヘルシー系からコッテリ系、高級食材を使う麺までバリエーションも豊富です。

ばんらいてい 萬来亭

自家製極太麺の焼きそば

店の向かいに製麺所を持ち、自家製麺を使った上海焼きそばが名物。甘口の中国のたまりしょうゆと日本のしょうゆをブレンドした特製タレで味付け。

☎045-664-0767 住横浜市中区山下町126 ⏰11時30分～14時30分、17～21時（土・日曜、祝日は11時30分～21時）休木曜（祝日の場合は営業）交みなとみらい線元町・中華街駅から徒歩5分 Pなし MAP付録P14D3

まるでうどんのような太さの麺は、もちもちした食感。具は豚肉と青菜のみ。

上海焼きそば 940円

店は太平通と市場通りが交差する角にある

フカヒレ姿入り土鍋そば 1980円

ちぢれ麺とフカヒレの上には白湯ベースの濃厚な上湯スープをかける。

こうしょうき しんかん 廣翔記 新館

フカヒレが丸ごと入る贅沢な麺

フカヒレ料理専門店で麺類も充実。見た目にも豪華なのは、極肉厚フカヒレを使う土鍋入りのそば。食べる直前に熱々の土鍋へとろみのあるスープが注がれ、煮立つ様子が食欲をそそる。

☎045-680-5858 住横浜市中区山下町97 ⏰11時～22時30分 休無休 交みなとみらい線元町・中華街駅からすぐ Pなし MAP付録P14E3

店の前には大きなフカヒレが置かれている

とき 杜記

職人技を見て味わう刀削麺

中国山西省の郷土食、刀削麺で有名な四川料理店。注文毎に打つ麺はもちもちの食感で、スープがよく絡む。14時までは麺メニューが100円引きになる。

☎045-226-1090 住横浜市中区山下町138-14 ⏰10時30分～21時30分LO 休無休 交みなとみらい線元町・中華街から徒歩6分 Pなし MAP付録P15C2

ほぐれるほどやわらかく煮込んだスネ肉が入り、ほどよい辛さ。

牛スネ肉麺 950円

専用包丁で生地を削りながら茹でる職人の姿も見られる

トロトロに
煮込んだ
魅惑の豚足を

一度は閉店した「徳記」が、新たな料理長を迎えて再スタート。名物の徳記豚足タンメン1150円が食べられるとあって、連日大盛況！ 豚足はラーメンと別添えで提供されます。

☎045-681-3936 MAP付録P15C3

きっちょう 吉兆

新鮮なアサリの旨みが凝縮

創業30年以上の庶民派広東料理店の看板メニューは、活あさりそば。厳選したアサリを使うスープは、アサリのエキスがたっぷり溶け込んでいる。大粒でプリプリの身も食べ応えあり。

☎045-651-9157 🏠横浜市中区山下町164 ⏰11時30分〜20時 🈳月曜 🚃みなとみらい線元町・中華街駅から徒歩5分 🅿なし MAP付録P14D2

アサリの風味豊かなスープが中太のストレート麺に絡み奥深い味わい。

北京小路の路地裏にあるレトロな雰囲気の店

活あさりそば 1078円

タンタンメン 850円

スープは国産鶏と北海道山昆布を使用。たっぷりのすりごまでクリーミーに。

ようしゅうめんぼう 揚州麺房

濃厚でクリーミーなスープが絶品

横浜中華街の麺専門店の先駆け。特製麺を使用した自慢の麺類は10種類以上で、不動の一番人気はタンタンメン。サイドメニューも豊富に揃う。

☎045-212-9630 🏠横浜市中区山下町150 ⏰11時30分〜15時LO,17時〜21時30分LO（土・日曜,祝日は11時30分〜21時30分LO）🈳月曜（祝日の場合は翌日）🚃みなとみらい線元町中華街駅から徒歩5分 🅿なし MAP付録P15C2

広東道にあるカウンター席が中心の店。食券システムを導入

かいなんはんてん 海南飯店

シメにいただきたい素朴なネギそば

素材を生かした飽きのこない味付けが好評の広東料理店。人気メニューの汁なしネギそばは、鶏ガラとトンコツがベースのスープにゴマ油が香る優しい味。自家製叉焼ものっている。

☎045-681-6515 🏠横浜市中区山下町146 ⏰11〜22時LO 🈳無休 🚃みなとみらい線元町・中華街駅から徒歩5分 🅿なし MAP付録P15C2

細麺にネギをのせ、塩味のスープをさっとかけた、懐かしい味のそば。

中華街大通り沿いの龍を描く赤い看板が目印

汁なしネギそば 735円

 海南飯店では、汁なしネギそばと同じスープをたっぷりとかけた、汁ありネギそば735円もおすすめです。

お好きなメニューを注文しましょう♪
魅惑のオーダーバイキング

中華街で心ゆくまで中国料理を味わいたい人には、オーダーバイキングがおすすめ。
お好きな料理をオーダーして、できたてアツアツの本格中華を堪能しましょう♪

オーダー式バイキング
4370円
※制限時間：2時間30分
※メニュー：約100種

4大中華の各地方の代表料理が並ぶ。デザートはセルフサービス。

おすすめオーダーはこちらです

イチオシ!!

**上海風
フカヒレスープ**
フカヒレを上品な味付けに仕上げた醤油ベースのスープ。

北京ダック
窯でじっくり焼き上げた北京ダックは、油条（揚げパン）と一緒に味わおう。

**海老、イカ、
帆立の塩炒め**
海鮮と野菜の味を生かすため、あっさりした味付けに。

横浜大飯店
よこはまだいはんてん

4大中華を存分に味わう

北京・上海・広東・四川の中国4大料理がフルラインナップ。あれこれ食べ比べできる。多彩なメニューの中には、ふかひれスープや北京ダックも。烏龍茶など5種の中国茶も無料でサービス。

☎045-641-0001 住横浜市中区山下町154 ⏰11時30分～20時50分LO（最終入店20時10分）休無休 交みなとみらい線元町・中華街駅から徒歩10分 P契約駐車場あり MAP付録P15B2

▶レトロな雰囲気の店。窓の外には善隣門が

大珍楼
だいちんろう

100種以上の料理がズラリ

昭和22年（1947）創業の中華街屈指の老舗。飲茶ならココ、というファンが多い。北京ダックなどは目の前でカットしてもらえ、こまやかなサービスにも定評がある。

☎045-663-5477 住横浜市中区山下町143 ⏰11時～20時30分LO 休無休 交みなとみらい線元町・中華街駅から徒歩8分 Pなし MAP付録P15B2

◀宮廷の茶室をイメージしたという店内は高級感がある

おすすめオーダーはこちらです

イチオシ!!

**五目あんかけ
おこげ**
おこげの香りが食欲をそそる。海鮮もたっぷり。

**蟹卵のせ
焼売**
シューマイの上に蟹肉がのせられた贅沢な一品。

オーダーバイキング
3450円
※制限時間：3時間（土・日曜、祝日は2時間）
※メニュー：約130種

広東料理を中心に、焼き物や海鮮料理が揃う。デザートは15種以上。

**エビと
緑黄色野菜の炒め**
プリプリのエビと青菜が入る。さっぱりとした味付け。

知っておきたい
回転テーブルでの
取り分け方のマナー

中国料理店に設置されている、おなじみの回転テーブル。入口から一番遠い上座の主賓から料理を取り分けはじめ、その後料理が全員に行きわたるまで時計回りにテーブルを回すのがマナーです。

おすすめオーダーはこちらです

オーダーバイキング
2980円
（土・日曜、祝日は3680円）
※制限時間：なし（予約の場合は2時間制）
※メニュー：約130種
料理のバラエティが豊富。デザートは10種類以上。

イチオシ!!

カニ爪の揚げ物
中にはズワイガニの身とエビのすり身がぎっしり詰まっている。

ハチミツチャーシュー
特製のハチミツソースを和えた絶品チャーシュー。

香り豊かなピリ辛スペアリブ
ゴマと唐辛子を使い肉の旨みを最大限に引き出した逸品。

こうちょうれすとらん
皇朝レストラン
世界チャンピオンの料理

皇朝（☞P76）の本格料理店では中国料理の世界大会覇者が手がけた料理を味わえる。茄子のオイスター炒めなどのオリジナル料理から北京ダックまで全130種以上がラインナップ。
☎0120-290-892　住横浜市中区山下町138-24　⏰11〜22時（21時30分LO）　休無休　交みなとみらい線元町・中華街駅から徒歩6分　Ｐなし　MAP付録P15C2

▶ゆっくり料理を味わえる半個室も用意

しょうふくもん
招福門
点心師手作りの飲茶を

季節の前菜、スープ、北京ダックをコース仕立てで提供し、約40種類の香港飲茶は食べ放題。香港の点心師が注文後に手作りするため、できたてを味わえる。
☎045-664-4141　住横浜市中区山下町81-3　⏰11時30分〜20時（土・日曜、祝日は11〜21時。最終入店は閉店の1時間前、LOは30分前）　休火曜　交みなとみらい線元町・中華街駅から徒歩2分　Ｐなし　MAP付録P14D2

▶中国の庭園をイメージした店内は広々

おすすめオーダーはこちらです

小籠包
旨みを凝縮した肉汁があふれ出る定番人気メニュー。

鶏足の黒豆ソース煮込み
コラーゲンたっぷりで食感はプルプル。味は甘辛い。

食べ放題
3500円
※制限時間：2時間
※メニュー：約40種
小籠包や餃子など点心は専門店ならではの豊富なラインナップ。一品料理も用意。

イチオシ!!

ホット・カスタード・バンズ
バンズの中にはカスタードがたっぷり。

📖 中国料理名では、味付けを表す漢字を使うこども。甜（ティエヌ）は甘み、苦は苦み、糟は酒粕の味、肥は油っこいものを表しています。

いろんな中国料理をちょっとずつ
飲茶でいただく絶品点心

中国茶とともに、餃子や小籠包に代表される点心をいただく"飲茶"。
広東・上海・四川料理の名店が腕を競う珠玉の点心コースをラインナップ。

❶ なめらか杏仁豆腐

コクがありクリーミーな定番デザート。なめらかな食感がたまらない。

❷ 野菜の甘酢漬け 広東風と当店自慢の チャーシュー

さっぱりした甘酢漬けと、旨み凝縮のチャーシュー。

❸ ほたて入り 蒸しクレープ

ぷるぷるとした食感の蒸しクレープは名物のひとつ。

❹ ピリッと爽やか 生姜 チャーハン

パラッと炒めたチャーハンは生姜を加えることでさっぱりしたあと味に。

プーアル、ジャスミンetc.
中国茶とともに召上がれ

❺ 肉汁あふれる ショウロンポウ

皮を破ると肉汁の旨みたっぷりのスープが。

お昼の飲茶コース
3800円
定番の8品(写真)に加え、季節の点心、季節の健康スープが付く全10品。

❻ 野菜の ジュージュー土鍋 マレーシアソース

ニンニク、干しエビ、唐辛子などで作ったソースが決め手。

❼ 元祖 海老の ウエハース巻き揚げ

サクサクの皮とぷりぷりのエビが絶妙な人気ナンバー1点心。

❽ スペアリブの 黒豆みそ蒸し

黒大豆を発酵させたトウチを調味料に使用。醤油のような香ばしい風味。

さいこうしんかん
菜香新館

食べ応え満点の豪華飲茶コース

本場香港から招いた厨師が作る点心は絶品。5階建ての館内では、約50種類揃う点心や本格広東名菜が味わえる。

☎050-3196-2794 ⊕横浜市中区山下町192
⊕11時30分〜14時30分LO(土・日曜、祝日は11時〜)、17時〜20時30分LO ⊛火曜 ⊜みなとみらい線元町・中華街駅から徒歩4分 ⊡契約駐車場利用 MAP付録P14D2

洗練された雰囲気の店内。5階には中国茶専門ラウンジがある

❋ 点心とは?

おつまみや軽食の意で、味により2つに分類。鹹点心(しぇんてぃえんしん)は甘くない点心のことで、餃子や小籠包など茹で、蒸し、揚げなどさまざまな調理法で供される。杏仁豆腐や、ごま揚げだんごなど、甘いものは甜点心(てぃえんてぃえんしん)と呼ばれる。

※各店のコースの写真は2名分。

老舗店の
本格点心を
気軽に楽しもう

かつて中華街に本店を構えた広東料理の老舗・聘珍樓が手がける、中華イートイン「聘珍茶寮SARIO」。セルフサービススタイルで、本格点心を420円〜味わえます。
☎045-663-5127 **MAP**付録P15B2

まんちんろうてんしんぼ
萬珍樓點心舖
中華街初のオーダー式飲茶の店

広東料理の老舗、萬珍樓（☞P66）が手がける飲茶専門店。素材のよさを引き出した点心が60種類以上揃う。

☎045-664-4004 住横浜市中区山下町156
⏰11〜15時、17〜21時LO（金曜は8〜15時、17〜21時LO、土・日曜、祝日は8〜21時LO）休月曜（祝日の場合は営業）交みなとみらい線元町・中華街駅から徒歩6分 **P**提携駐車場あり **MAP**付録P15C1

お昼の点心コース
3000円〜

季節替わりを含む点心4種、前菜、スープ、炒め物、デザート付き。

高級感あふれる広々とした店内でゆったり食事

プレミアム飲茶コース
3500円

四川料理も楽しめるボリューム満点のコース。内容は季節により変わる。

店内では、老舗の味をリーズナブルに楽しめる

じゅうけいさろうよこはまちゅうかがいほんてん
重慶茶樓 横浜中華街 本店
老舗が手がける飲茶と四川料理を

昭和34年（1959）創業の四川料理の名店・重慶飯店の系列である飲茶専門店。飲茶コースには、点心はもちろん、四川料理ならではの辛い料理も登場。

☎045-681-0807 住横浜市中区山下町185
⏰11時30分〜20時LO（金曜は〜20時50分LO、土曜は11時〜20時50分LO、日曜、祝日は11時〜）休無休 交みなとみらい線元町・中華街駅からすぐ **P**提携駐車場あり **MAP**付録P14D2

しゃんはいよえん しょうろんぽうかん
上海豫園 小籠包館
特級点心師が作る極上の小籠包

中国世界料理大会で優勝した点心師が作る小籠包が大好評。名物の鮮肉小籠包5個890円は1日2000個作っても夕方には完売してしまうほど人気が高い。飲茶コースでよりお得に味わおう。

☎045-212-5087 住横浜市中区山下町166
⏰11〜20時LO 休不定休 交みなとみらい線元町・中華街駅から徒歩8分 **P**なし **MAP**付録P15C3

満足飲茶コース
3980円

肉汁あふれる2種類の小籠包、エビの巻き揚げ、ふかひれスープなど全10品が楽しめる。

店頭で小籠包作りの実演が見られることも

📖 中国では中秋節に月餅を食べる習慣があります。丸いものは円満の象徴で、旧暦8月15日に満月の下で家族円満を願い行われる行事です。

出来立てアツアツをパクッ
中華まん&テイクアウトフード

中華街といえば欠かせないのが、店頭で蒸したてを販売している中華まん。
焼き小籠包や台湾唐揚などのテイクアウトフードも、定番グルメに仲間入り。

一般の肉まんの約2倍！

ブタまん 600円 Ⓐ
直径約11cm、高さ7cm、重さ250gの特大サイズ。厳選した国産豚肉と海鮮、野菜を合わせた餡が絶妙。

中から半熟卵がとろ〜り

黒毛和牛すき焼きまん 680円 Ⓐ
和牛肉、こんにゃく、シイタケ、長ネギを熟成黒みりんで味付けした特製すき焼き。半熟卵入り。

見た目も香りも味も桃！

桃まん 350円 Ⓐ
中国の縁起物、桃を模した皮の中には、桃の香りがほんのり漂う白桃餡が詰まっている。

小さくても味は濃厚

中華まん

世界チャンピオンの肉まん 120円 Ⓑ
直径5cmのミニサイズ。つなぎを使わない牛と豚の合挽き肉を醤油ベースで濃いめに味付け。

和と中華が見事に融合

あんまん 100円 Ⓑ
抹茶を練り込んだもちもちした皮の中には、つぶ餡がぎっしり。ひと口でパクッといける。

フカヒレが丸ごと一枚

ふかひれ姿煮まん 1680円 Ⓒ
秘伝のタレで味付けしたフカヒレの姿煮を、直径15cmのふわふわの皮で包み込む。

キュートなスイーツまん

元祖パンダまん 380円 Ⓓ
竹炭入りの生地でパンダの顔を描いている。中身はチョコレートカスタードクリーム。

トロットロの豚角煮入り

豚角煮まん 380円 Ⓓ
ブタの顔がかわいらしい皮を割ると、昔ながらの調理法で丁寧に作られた皮付きバラ肉が登場。

ぶたまんのえどせいちゅうかがいほんてん
ブタまんの江戸清 中華街本店 Ⓐ
中華街食べ歩きの火付け役
明治27年（1894）創業。バラエティ豊富な中華まんが揃う。☎0120-047-290 ㊇横浜市中区山下町192 ㊙10時〜19時30分（土曜は〜20時）㊡無休 ㊢みなとみらい線元町・中華街駅から徒歩5分 ㋝なし ⓂⒶⓅ付録P14D2

こうちょうてんしんぽ ほんてん
皇朝 点心舗 本店 Ⓑ
画期的なミニ肉まんを販売
中国料理世界大会チャンピオンが、餡と皮のバランスを試行錯誤して考案した肉まんが大人気。おみやげも多数販売する。☎0120-290-892 ㊇横浜市中区山下町154 ㊙10時30分〜18時30分 ㊡無休 ㊢みなとみらい線元町・中華街駅から徒歩7分 ㋝なし ⓂⒶⓅ付録P15B2

がんそふかひれまんのこうせいわ
元祖フカヒレまんの公生和 Ⓒ
フカヒレまんといえばココ
中華街でいち早くフカヒレまんを販売した店。☎045-681-2276 ㊇横浜市中区山下町152 ㊙10時30分〜21時（土・日曜、祝日は〜22時30分）㊡不定休 ㊢みなとみらい線元町・中華街駅から徒歩5分 ㋝なし ⓂⒶⓅ付録P15C2

ろういしん
老維新 Ⓓ
ユニークなアイデアまんが揃う
中国雑貨の老舗の店頭で、オリジナリティあふれる中華まんを販売。元ケーキ職人の店長が作るスイーツまんが大ヒット。☎045-681-6811 ㊇横浜市中区山下町145 ㊙10時30分〜20時45分LO ㊡無休 ㊢みなとみらい線元町・中華街駅から徒歩5分 ㋝なし ⓂⒶⓅ付録P15C2

売切れ必至の絶品ちまきをゲット

先代の台湾料理店から受け継ぐ「ちまき屋」のちまきは、豚角煮、シイタケ、ピーナツなど具だくさん。レギュラー1個700円。店頭販売は火～金曜のみです。HPで予約がおすすめ。
☎050-6874-7878 MAP 付録P14D2

酸味の効いた辛いスープ入り

湯杯小籠包（サンラータン）350円 Ⓐ

極薄皮の小籠包の中に、辛くて酸っぱいスープ、サンラータンが入っている。体がポカポカに。

フカヒレ餡があふれ出す

フカヒレ焼餅（シャオピン）
3個入り600円 Ⓐ

フカヒレにカニや鶏肉を合わせ、中国醤油などで味付け。

4種類の味を一度に楽しむ

食べくらべ串 550円 Ⓔ

老舗の味を再現した百年シュウマイ、牛鍋シュウマイ、トマトと海老のシュウマイが1本に。

定番のエビチリを手軽に

エビチリ串 500円 Ⓔ

ぷりっぷりの大きなエビに、ピリ辛の特製チリソースを絡め、串に刺して提供する。

テイクアウトフード

豚肉餡とチーズの相性抜群

炙りチーズ大籠包 680円 Ⓔ

肉汁あふれる豚肉餡を閉じ込めた直径約10cmの大籠包に、炙ったチェダーチーズをかけて提供。

カリッ&ジュワ～の新食感

焼き小籠包（海鮮2個と豚肉2個のセット）
4個700円 Ⓕ

鍋にたっぷりゴマ油をかけて蒸し焼きに。旨味が凝縮したスープは熱々。

香港の飲茶定番の点心

叉焼メロンパン 2個550円 Ⓖ

層になったサクサクの生地の中に、濃厚なチャーシューが。甘じょっぱいクセになるおいしさ。

ジューシーな唐揚げをガブリ

台湾唐揚 600円 Ⓗ

八角など台湾の香辛料を利かせた唐揚げは、なんと15cm以上。ひと口サイズもある。（M600円～）

かいかろう
開華楼 Ⓔ

テイクアウトフードの屋台

「横浜博覧館」（☞P63）の食べ歩き専門店。看板メニューの大籠包550円は、かつて「横浜大世界」（☞P63）にあった名物をアレンジしたもの。ほかにも、スープや串もの、スイーツなど、さまざまなメニューが揃う。季節限定定番も随時登場するので、お見逃しなく。☞P80

ほうてんかくしんかん
鵬天閣 新館 Ⓕ

焼き小籠包が大ブレイク

店頭で実演販売する焼き小籠包が名物。1階ではテイクアウトフードやおみやげを販売。2階のレストランでは、上海料理を楽しめる。
☎045-681-9016 🏠横浜市中区山下町192-15 🕙10～22時 🈺無休 🚉みなとみらい線元町・中華街駅から徒歩4分 🅿なし MAP 付録P14D2

ほんこんやむちゃせんもんてんさいゆうき
香港飲茶専門店西遊記 Ⓖ

香港式の飲茶の専門店

店頭では、点心師がパン生地から叉焼メロンパンを手作り。2階レストランでも提供。
☎045-264-9522 🏠横浜市中区山下町149-1-4 🕙10～22時 🈺無休 🚉みなとみらい線元町・中華街駅から徒歩3分 🅿なし MAP 付録P15C2

よこはまざーじーぱい
横濱炸鶏排 Ⓗ

サクサクの揚げたてを提供

次々訪れる客の目当ては、巨大な台湾唐揚。注文ごとに揚げるため、熱々を味わえる。おみやげ用の冷凍台湾唐揚400g990円は、自然解凍OK。
☎045-514-7254 🏠横浜市中区山下町106-10 🕙11～18時 🈺無休 🚉みなとみらい線元町・中華街駅から徒歩3分 🅿なし MAP 付録P14E3

 中華まんを購入してお家で手軽に楽しむ場合、皮を薄く濡らし、ふんわりとラップをかけて電子レンジで2分30秒～3分温めてみて。

豊かなお茶の香りに包まれて
茶芸館で癒やしのひととき

中国料理に欠かせない中国茶。その数は2000種類以上といわれています。
本場のお茶をいただける茶芸館で、華やかな味と香りを五感で味わいましょう。

高級白芽奇蘭
（はくがきらん）
1200円
お茶請けプレート
620円

甘くさわやかな香りの白芽奇蘭は烏龍茶の一種。スイーツとも合う

店内はゆったりと落ち着いて過ごせる空間

ごくうちゃそう
悟空茶荘

中国各地の茶葉が揃う
上海レトロなカフェ

アンティーク家具を配したレトロな茶芸館で本場の中国茶を。バラの花と漢方の甘草をブレンドした暴々茶1000円など種類は約40と充実。無料でお湯の継ぎ足しもしてくれる。タピオカ入りのパフェ・敦煌デザート750円をはじめスイーツも人気。1階には茶器・茶葉のショップを併設する。

☎045-681-7776 住横浜市中区山下町130 営カフェ11時～18時30分LO（土・日、祝日は10時30分～。季節により変動あり） 休第3火曜 みなとみらい線元町・中華街駅から徒歩7分 P なし MAP付録P15C3

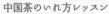
中国茶のいれ方レッスン

ちゃかい
茶海

ちゃふう
茶壺

ちゃはい
茶杯

もんこうはい
聞香杯

ちゃか
茶荷

1 お湯を入れ、お茶を抽出

温めた茶壺に茶葉を入れお湯を注いだら、蓋の上からさらにお湯をかけて温める。

2 茶海にお茶を移し変える

茶壺が乾いたら茶海に移す。渋みが残らないよう最後まで注ぎきるようにしよう。

自宅で本格茶を
味わいたいなら
「緑苑」へ

現地から直接茶葉を仕入れる「緑苑」。龍井茶100g3300円など、約100種類が並びます。茶器も多彩に揃うので、本格的に始めたい人はぜひ立ち寄ってみては。

☎045-651-5651 **MAP**付録P15B2

鳳凰単欉
2500円

緑茶入り蒸しカステラ
1個300円

白い香りとフルーティーな味わいの青茶

ちゅうごくちゃげいかん めいこうかく
中国茶藝館 茗香閣

高級中国茶が気軽に楽しめる静謐な空間

中国茶と台湾茶専門の喫茶店。店主が厳選した、約30種類の本格的な中国茶2000円～（お茶菓子付）が味わえる。サイドメニューの緑茶入り蒸しカステラや杏仁豆腐400円も好評だ。中国茶葉専門店「緑苑」の2階。

☎045-651-5651 **住**横浜市中区山下町220 緑苑ビル2階 **◐**12～20時LO **休**不定休 **交**みなとみらい線元町・中華街駅から徒歩8分 **P**なし **MAP**付録P15B2

中国茶淹れ方教室1名5000円～（要予約）も開催し、好評

工芸茶
800円

楊貴妃杏仁豆腐
750円

※ドリンクとセットで1150円

茶葉を束ねて千日紅の花を包んだ緑茶ベースのお茶。杏仁豆腐は濃厚

ようきひかふぇ しのわ
楊貴妃Cafe Chinois

見た目も美しい工芸茶で体の中からきれいに

ブティックの2階にある、シノワズリの雰囲気を感じるカフェ。お湯を注ぐと花が開く工芸茶や東方美人茶など、美容と健康にいいとされるお茶やデザートを提供する。楊貴妃が好んだというライチをベースに、漢方ゼリーなどを添えた楊貴妃デザート900円も人気。

☎045-662-7773 **住**横浜市中区山下町218 2階 **◐**12～18時 **休**火・水曜 **P**なし **MAP**付録P15B2

白を基調とした空間に中国の調度品が並ぶ

---

③ 茶海から聞香杯へお茶を注ぐ

濃さが均一になったお茶を香りを楽しむための器・聞香杯へ注ぐ。

④ 聞香杯から茶杯に移す

聞香杯から茶杯に移し完成。空の聞香杯に残るお茶の香りを楽しんで。

❀ 中国茶葉は種類が豊富です

ろんじんちゃ
● 龍井茶（緑茶）………… 中国緑茶の代表格。浙江省が産地。

ぎんしんはくごう
● 銀針白毫（白茶）………… 発酵度が軽く、淡い甘みがある。

てっかんのん
● 鉄観音（青茶）………… 烏龍茶の仲間。ほどよい渋みがある。

きーまんこうちゃ
● 祁門紅茶（紅茶）………… 三大紅茶の一つ。蘭のような香り。

かくざんこうが
● 霍山黄芽（黄茶）………… 栗の香りが漂う。キリッとした味。

ちんねんぷーあるちゃ
● 陳年プーアル茶（黒茶）… 油っぽい料理に合うスッキリ風味。

じゃすみんちゃ
● 茉莉花茶（花茶）………… ジャスミンの香り付けをした緑茶。

📖 中国茶は産地や加工の方法により、大きく6種類（緑茶、白茶、青茶、紅茶、黄茶、黒茶）に分かれています。

散策のお供にぴったりの 中華街のテイクアウトドリンク

バタフライピーからタピオカまで、中華街のテイクアウトドリンクはさまざま。
お気に入りの一杯で喉を潤しながら、のんびり散歩を楽しみましょう。

プラス1品

三色ごま団子
串500円。季
節替わりの餡
も入っている

バタフライピー
ピーチ（左）、ライチ（右）
各450円
ブルーのお茶に果汁を混ぜ
ると色が変化するタイ発の
ハーブティー。

プラス1品

ピリッとした辛
さがクセにな
る胡椒餅1個
480円

ドラゴンティー
780円
ドラゴンフルーツに緑茶な
どをミックス。クリームチーズ
と混ぜて飲もう。

かいかろう
開華楼

中華のテイクアウト専門店

「横浜博覧館」（☞P63）の1階
で、本格中華のテイクアウトフ
ードを販売。バタフライピーと
一緒に、点心などの中華グル
メを味わおう。「横浜大世界」
（☞P63）に姉妹店もある。

☎045-640-0081（横浜博覧館）住
横浜市中区山下町145 横浜博覧館1
階 ⏰10時30分～20時（土曜は～
22時、日曜、祝日は～21時）休無休
Pなし 交みなとみらい線元町・中華
街駅から徒歩5分 MAP付録P15C2

中華街大通りに面している。店舗
正面で注文し、商品の受け取りは
奥へ

たいわんびしょく わんふーちん
台湾美食 王府井

台湾のソウルフードをぜひ

看板メニューの胡椒餅のほか、
芋園、豆花、仙草各560円と
いった台湾でおなじみのスイ
ーツも揃う。クリームチーズと
フルーツを合わせたクリームチ
ーズティー720円～は、マンゴ
ー、イチゴなど全5種類。

☎045-228-7502住横浜市中区山
下町191-20 ⏰10～22時（土・日曜、
祝日は9時30分～22時30分）休無休
Pなし 交みなとみらい線元町・中華
街駅から徒歩5分 MAP付録P14D2

SNS映えするテイクアウトメニュ
ーが多く、若者に人気の店

ベトナム発のエッグコーヒーはいかが？

ベトナムのハノイに本店をもつ「CAFE GIANG」。卵とコンデンスミルクを泡立て、コーヒーと一緒にすぐって味わうエッグコーヒー発祥の店です。550円（ホット）。
☎045-323-9088 **MAP** 付録P14D2

（プラス1品）

濃厚な味わいの沖縄黒糖タピオカラテ650円(M)

> **マンゴータピオカラテ 650円 (M)**
> フルーティなマンゴーラテに、弾力のあるタピオカがたっぷり入っている。

（プラス1品）

チーズタルト（左）、チャイタルト（右）各350円

> **ミルクチャイ 480円（テイクアウト）**
> こだわりのスパイスをブレンドし、丁寧に抽出した贅沢なチャイ。

ほうてんかく ななちゃ
鵬天閣 七茶

無添加の生タピオカドリンク

焼き小籠包でブレイクした「鵬天閣 新館」（☞P77）に隣接するティースタンド。無添加の素材にこだわり、丁寧に作られたタピオカドリンクを提供する。砂糖、氷の量やトッピングを調整して、自分好みの一杯を作ってもらおう。

☎045-225-8388 横浜市中区山下町186 ⏰10〜22時 休無休 P なし みなとみらい線元町・中華街から徒歩2分 **MAP** 付録P14D2

まるでカフェのカウンターのような、スタイリッシュな店構え

ちゃい てぃー かふぇ ちゃいはね ぱーとすりーてん
Chai Tea Café チャイハネ Part3店

スパイス香るミルクチャイ

チャイやスパイスカレーが楽しめるカフェと、キャンプグッズ、インテリア雑貨、植物を販売するショップが融合。ウバ茶を丁寧に抽出して作るチャイは、シロップ50円などを加えてカスタムできる。

☎045-662-4693 横浜市中区山下町80 ⏰10時30分〜20時30分（土・日曜、祝日は〜21時）休無休 P なし みなとみらい線元町・中華街駅から徒歩2分 **MAP** 付録P14D2

3階建てのビルの1・2階がカフェ。2022年7月にリニューアル

 「Chai Tea Café チャイハネ Part3店」では、カレー活動家、タケナガリー監修のスパイスカレー1000円（あいがけ1200円）も販売。

ゆるかわ雑貨から本格派食材まで 中華街みやげハンティング

中華街みやげの定番といえば、キッチュでカラフルな小物や、愛らしいパンダグッズ。
自宅で本場の味を楽しみたい人は、中華料理の食材や中国伝統菓子がおすすめです。

雑貨

花のように華麗な文字
花文字2文字額入り(招福)
3300円 Ⓐ
熟練の伝統工芸師が縁起のいい言葉を花文字にしてくれる。1文字550円〜

中国のラッキーアイテム
中国結びふさ根付け
1個 418円、3個 1100円 Ⓑ
吉祥や家庭円満をもたらすといわれる。色ごとに異なる意味をもつ

伝統工芸をアレンジ
キーホルダー
880円〜 Ⓓ
左はタイの山岳民族リス族伝統のポンポン。そのほかはモン族のもの

手仕事ならではの繊細さ
小物入れ
1400円(縦縞)、1000円(横縞) Ⓓ
色彩感覚に優れるリス族の重ね縫いの技術が光る。柄違いで揃えたい

オリジナルのパンダ柄
パンダティッシュポーチ
各2037円 Ⓒ
かわいいパンダ生地を黒レースで縁取り。タッセルがポイントに

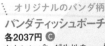

アジアンな主役級バッグ
ミニラウンドトート
5980円 Ⓒ
大きな蓮の花がモチーフ。マチがあり、ファスナー付きで使いやすい

とぼけた表情にキュン
パンダマトリョーシカ
2068円 Ⓔ
開けても開けてもパンダが出てくる。手描きならではの表情が絶妙

お好みのカラーをどうぞ
パンダティッシュケース
各1320円 Ⓔ
定番の黒を含め、全4色。おうち時間が楽しくなるインテリアグッズ

ちゅうごくでんとうこうげい はなもじ
中国伝統工芸 花文字 Ⓐ
中国の縁起物を実演販売
☎045-640-0081(横浜博覧館) 🏠横浜市中区山下町145 横浜博覧館1階 🕐10時30分〜21時(土・日曜、祝日は〜22時) 🈺無休 🅿なし 🚉みなとみらい線元町・中華街駅から徒歩5分 **MAP**付録P15C2

ばんらいこう ちゅうかがいおおどおりてん
萬來行 中華街大通り店 Ⓑ
中国直輸入の雑貨がぎっしり
☎045-662-8698 🏠横浜市中区山下町148 🕐11〜20時 🈺無休 🅿なし 🚉みなとみらい線元町・中華街駅から 徒歩2分 **MAP**付録P15C2

ろうろう
ROUROU Ⓒ
アジアの理想郷がテーマ
☎045-662-0466 🏠横浜市中区山下町130-11 🕐11〜20時 🈺第3木曜 🅿なし 🚉みなとみらい線元町・中華街駅から徒歩1分 **MAP**付録P15C3

てふてふ
tef-tef Ⓓ
アジア各国の民族の雑貨
☎045-663-3941 🏠横浜市中区山下町166 🕐12〜17時 🈺火・水曜 🅿なし 🚉みなとみらい線元町・中華街駅から徒歩7分 **MAP**付録P15B3

ぱんだや
ぱんだや Ⓔ
パンダグッズが300種類以上
☎045-222-6488 🏠横浜市中区山下町106 🕐11〜18時(変動あり) 🈺不定休 🅿なし 🚉みなとみらい線元町・中華街駅から徒歩3分 **MAP**付録P14E3

チャイナドレスに
着替えて
記念撮影

「笑顔変身写真館」では、チャイナドレスやサンダルのレンタルをして、プロのカメラマンに撮影してもらえます。ベーシックプラン4000円はL判サイズプリント1枚が付きます。
☎045-664-1707 **MAP** 付録P14E3

中華街 ● 中華街みやげハンティング

食材

すっきりと飲みやすい味

黒烏龍茶
10個入り 454円 F
烏龍茶の水仙種をベースにプーアル茶をブレンド。手軽なティーバッグ

北京ダックを
自宅で楽しむ

北京ダックセット
2300円 G
真空保存した北京ダックと包み用の皮、甘味噌ダレのセット。3〜4人前

中国茶の定番と
いえばコレ

鉄観音茶
30g 400円 F
ほどよい渋みと香ばしさ、ほんのり甘い口あたりが絶妙なお茶

本場四川の辛さを再現

熟成ピー県豆板醤
380g 600円 G
朝天唐辛子とソラマメを使った四川省の熟成豆板醤。コクがある辛さ

噛むほどに旨みが増す

チャーシュウ
100g 570円 ※写真は200g H
炭火で焼き上げ旨みを閉じ込めた自家製。特製のタレが味を引き立てる

台湾を代表する
焼き菓子

鳳梨酥 (ほうりんす)
1個 324円 I
発酵バターを使ったクッキー生地でパイナップルジャムを包み込む

甘さたっぷりの
デザート

ゴマの風味が
豊かな餅

横浜胡麻団子
18個入り 756円 J
餡を軟らかな餅で包み、白胡麻、黒胡麻、金胡麻をまぶしたお菓子

横濱中華街 マンゴープリン・杏仁豆腐
各350円 J
アルフォンソマンゴーの完熟ピューレを使用したプリン (上)、白桃やみかんが入る杏仁豆腐 (下)

ごくういちごうてん
悟空一号店 F
約100種類の中国茶を扱う
☎045-641-5509
住横浜市中区山下町80
⏰11〜19時 休水曜 Pなし 交みなとみらい線元町・中華街駅から徒歩2分
MAP 付録P14E2

げんほうこう
源豊行 G
中国食品専門の老舗
☎045-681-5172
住横浜市中区山下町95-2
⏰10時30分〜20時 休水曜 (祝日の場合は営業)
Pなし 交みなとみらい線元町・中華街駅から徒歩3分 **MAP** 付録P14D1

きんりょう
金陵 H
広東式の焼き物を販売
☎045-681-2967
住横浜市中区山下町131-5
⏰11時40分〜19時 (売り切れ次第終了) 休月曜 (祝日の場合は翌日) Pなし 交みなとみらい線元町・中華街駅から徒歩7分 **MAP** 付録P15C3

じゅうけいはんてん だいいちばいてん
重慶飯店
第一売店 I
四川料理の老舗の売店
☎045-641-6874
住横浜市中区山下町185
⏰11〜20時 休無休 Pなし 交みなとみらい線元町・中華街駅から徒歩1分
MAP 付録P14D2

よこはまはくらんかんまーけっと
横浜博覧館
マーケット J
中華街最大級のみやげ店
☎045-640-0081 (横浜博覧館) 住横浜市中区山下町145 ⏰10時30分〜21時 (土・日曜、祝日は〜22時) 休無休 Pなし 交みなとみらい線元町・中華街駅から徒歩5分 **MAP** 付録P15C2

「横浜大世界」(☞P63)にある「横浜大世界マーケット」も品揃えが豊富で、おみやげ選びに重宝します。

83

きらびやかな中華街のシンボル
横浜関帝廟のお参りも忘れずに

いつも多くの人で賑わう中華街を見守り続ける横浜関帝廟。
中華街で食事を楽しんだら中国のお作法にならってお参りをしてみましょう。

豪華絢爛な廟には見事な彫刻が施されている

よこはまかんていびょう
横浜関帝廟

拝観所要 40分

中華街を守る商売繁盛の神様

文久2年（1862）から150年以上、中華街を見守り続ける華僑の心のよりどころ。大きな災害に見舞われる度、再生を果たしてきた建物は現在4代目。三国志にも描かれ、仁義の人として知られる武将・関羽が、商売繁盛の神・關聖帝君となって祭られている。ほか、健康のご利益のある地母娘娘や玉皇上帝、観音菩薩、福徳正神も関帝廟を守る祭神。廟を支える石柱などにも関羽の姿や三国志の物語が描かれているので注目してみよう。

屋根に大きな龍が

▶屋根の上の龍は水の神様。火災などから廟を守る役割

☎045-226-2636 🏠横浜市中区山下町140 ¥拝観無料（本殿内有料、線香500円）🕘9〜19時 休無休 交みなとみらい線元町・中華街駅から徒歩7分 Pなし
MAP 付録P15C2

お守りをいただきましょ

商売繁盛（右）と除厄健康（左）のお守り各800円

毎年7月に行われる良縁祭（りょうえんさい）は、男女や家族、仕事などさまざまなものとの良縁を祈願する祭り。本殿の神事に参加して縁を結びましょう。
☎045-681-0909
MAP 付録P14D3

▶▶ 横浜関帝廟で中国式のお作法にのっとり参拝しましょう

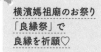

1 参拝グッズを購入
受付で線香5本1組500円と金紙1組1000円を購入。金紙は神様への献上物と願いが叶ったときのお礼の意味をもつ。

> まずはお祈り
> しましょう

2 金紙を本殿にお供え
本殿に行き、神様へお祈りをしたあと、神卓に金紙をお供えする。お祈りの時は自分の住所・氏名も忘れずに伝えよう。

3 5つの香炉へお参り
線香に火をつけ本殿回廊にある5つの香炉へ、願い事を告げたら、利き手と逆の手で1本ずつ線香を供える。1～5番の香炉を順番に巡る。

4 4体の神様へお参り
本殿内に祭られている神様へお参り。関聖帝君・地母娘娘（ちぼにゃんにゃん）・観音菩薩・福徳正神（ふくとくせいしん）の順に参拝。

5 金紙をお焚き上げ
願いが叶ったお礼に、金炉で金紙をお焚き上げ。金紙を金炉の焚き上げ台に置けば自動的に吸い込まれる。

6 おみくじ棒の器を振る
住所・氏名・生年月日とお願いを唱え、1本のおみくじ棒が自然に飛び出すまで籤桶（せんおけ）を振る。

> 次は
> おみくじです

7 神筶を落として占う
神筶（しんばえ）いう三日月形の神具を落とし、表と裏が出たらOK。表同士、裏同士になったら⑥からやり直す。

8 おみくじを受け取る
棒の番号を告げ、200円を納めておみくじを受け取る。くじは大吉から下下までの6段階。

注目の
彫刻は
こちらです

雲龍石（うんりゅうせき）
入口にある一枚岩で天に向かって昇る龍が描かれている。

石獅（狛犬）（せきし）
悪い気が内部に入らないよう本殿の入口と出口を守る。

観音石龍柱（かんのんせきりゅうちゅう）
本殿回廊に並ぶ。関羽の活躍と龍を表したものがある。

こちらの廟にもお参りしましょ

① 本殿の中心に媽祖。媽祖から右は順風耳、左は千里眼。② 縁結びお守りセット2000円。良縁を結ぶという魔法の粉や赤い糸もセット

横濱媽祖廟（よこはままそびょう）

> 拝観所要
> 30分

女神を祭る華やかな八角形の神殿

航海の守り神として信仰を集める巫女・媽祖を祭る廟。媽祖は北宋時代に中国に実在したとされ、実際に起きた父や兄弟の海難事故を夢で救おうとした伝説が残る。縁結びの神様も祭る。
☎045-681-0909 🏠横浜市中区山下町136 🎫拝観無料（本殿内は拝観100円もしくは線香500円）🕘9～19時 🈳無休 🚃みなとみらい線元町・中華街駅から徒歩3分 🅿なし MAP 付録P14D3

📖 線香の煙は神様へ願い事を伝える手段。純粋な心で線香をお供えすれば、神様に願いが届くかも。

紀元前からの歴史をもつ "中国占術"ってどんなもの?

中国の長い歴史の中で培われてきた"中国占術"。
中華街で多くのファンをもつ人気のお店を訪ねてみました。

「命・ト・相」って?

命（めい） 生年月日をもとに、その人が生まれもった性格や運命を占う。

(例) 四柱推命（しちゅうすいめい）
算命学（さんめいがく）
九星気学（きゅうせいきがく）

ト（ぼく） 人と人や事柄との関わり、結果を占う。何かを決断したいときに。

(例) 易経（えききょう）
断易（だんえき）
タロット

相（そう） 名前や手相など目に見えるものや形から運命、性格を読み取る。

(例) 手相
姓名判断
家相

長い歴史の中で培われた中国占術を体験しよう

四柱推命や算命学など、多彩な種類がある中国の占い。その根底には陰陽五行説という共通の思想がある。紀元前770〜210年の春秋戦国時代に、中国の戦乱のなかで生まれたこの思想は、万物は陰と陽の2つに分かれ、木・火・土・金・水の5つの元素がバランスよく存在することで成り立つという考えを表したもの。これを元に、多くの人の手によって発展し受け継がれてきた占いはよく当ると評判が高い。現在では命・ト・相という3つの軸を中心に、多様な占いが揃っている。そのなかから自分の悩みに最適な方法で診断してもらい、開運を目指してみよう。

色々あります 占いメニュー

手相 1100円

少しずつ変化をする両手の手相を参考に、性格などを占う。(所要約10分)

算命学 3300円（手相鑑定付き）

生年月日と干支を使い、性格や恋愛など幅広く占う。(所要約20〜30分)

相性鑑定 3300円

算命学から相性を読む。よい関係になる為のアドバイスも。(所要約20〜30分)

タロット鑑定 3300円

心や運命を読み解き決断へと導く。具体的な悩みを伝えよう。(所要約20〜30分)

今回訪ねたのはコチラのお店です

鳳占やかた（ほううらないやかた）
気軽に行ける人気の占いスポット

約90人の鑑定士が在籍し、全国に多くのファンをもつ店。中華街に4つの鑑定所があり、市場通り鑑定所では手相、算命学のほか、相性、タロットカードも鑑定。親身になってアドバイスをしてくれるので、占いが初めてでも安心。

☎045-651-7240
住横浜市中区山下町148同順利ビル1階
手相1100円など（鑑定内容による）11〜19時（土・日曜、祝日は〜20時）
休無休 みなとみらい線元町・中華街駅から徒歩5分 Pなし MAP 付録P15C2

市場通りにある市場通り鑑定所。開運の文字が目印

昼下がりの午後を過ごしたい
おしゃれで優雅な元町・山手

その昔、モダンな物をいち早く知った元町・山手のレディ達。
一歩入った裏通りにも元町らしいおしゃれがあふれています。
かわいい山手の洋館を巡って、洗練された元町雑貨にふれて
疲れたら地元のマダムが集まる名店で優雅なひとときを。

これしよう！
西洋館の点在する
山手をお散歩
かわいい「小さな西洋館の
丘」もあるので、探してみて。
（☞P100）

これしよう！
元町ブランドストリート
でお買いもの♪
全長約600mの元町通り
には、ファッションや雑貨の
老舗がズラリ。（☞P90）

これしよう！
地元マダムが集まる
レストランでランチ
元町や山手には、味も雰
囲気も抜群のレストランが
充実。（☞P94）

西洋の香り漂う街で散策＆お買いもの

元町・山手
もとまち・やまて

ハマトラグッズ
をゲット！

元町・山手は
ココにあります！

横浜
横浜・赤レンガ倉庫
元町・山手　元町・
中華街
石川町

こんなところ

高台に広がる山手は、外国人居留地として
の歴史をもち、美しい洋館が立ち並ぶエキ
ゾチックなエリア。その丘の下に広がるの
は、外国人向けに開業した商店が軒を連ね
る元町。いち早く西洋文化を取り入れて発
展したここでは、全国的に有名な"元町ブラ
ンド"の名品が手に入る。

access

●横浜駅から
横浜駅からみなとみらい線で
元町・中華街駅まで8分、JR
根岸線で石川町駅まで6分

問合せ
☎045-211-0111
桜木町駅観光案内所

広域MAP
付録P4D4～P5C4

～元町・山手 はやわかりMAP～

元町・山手

観光のヒント
山手の西洋館巡りでは無料の散策マップを

山手の各西洋館では、散策マップを配布しているので、ぜひ入手を。

5 **港の見える丘公園**（☞P101）

6 **元町ブランドストリート**（☞P90）

4 **山手資料館**（☞P101）

2 **元町公園**（☞P100）

3 **えの木てい 本店**（☞P106）

1 **外交官の家**（☞P102）

元町ストリートの裏通りもチェック
元町通りをはじめ、裏道にも雑貨ショップやカフェなどが点在。

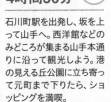

晴れた日は港の見える丘公園
展望台からは、横浜ベイブリッジや大黒ふ頭まで見渡せる。

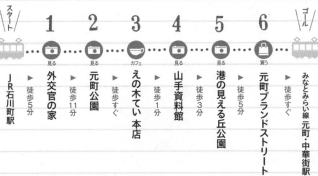

おすすめコースは
4時間50分

石川町駅を出発し、坂を上って山手へ。西洋館などのみどころが集まる山手本通りに沿って観光しよう。港の見える丘公園に立ち寄って元町まで下りたら、ショッピングを満喫。

スタート		1		2		3		4		5		6		ゴール
		見る		見る		カフェ		見る		見る		買う		
JR石川町駅	▶ 徒歩5分	外交官の家	▶ 徒歩11分	元町公園	▶ 徒歩すぐ	えの木てい 本店	▶ 徒歩1分	山手資料館	▶ 徒歩3分	港の見える丘公園	▶ 徒歩5分	元町ブランドストリート	▶ 徒歩すぐ	みなとみらい線 元町・中華街駅

とっておきの逸品を探したい 元町ブランドストリート

外国人向けの商店街として発展し、いち早く西洋文化を取り入れた元町。
約600m続く元町通りには、上質な名品を揃える老舗が軒を連ねています。

トートバッグ
7800円（左）、6800円（右）

手書き風ロゴがポイントの
キャンバス地トートバッグ

A キタムラ元町本店
きたむらもとまちほんてん

Kのロゴマークでおなじみ

横浜・元町生まれのオリジナルバッグブランド。デザイン性、機能性を兼ね備えたレディースのバッグのほか、小物や洋服も取り扱う。カラーオーダーも人気。

☎045-664-1189 🏠横浜市中区元町4-178 🕙10〜19時 🈂無休 🚉JR石川町駅から徒歩5分 🅿なし 🗾MAP付録P13C3

本店ではキタムラの全
商品を展示する

天使の卵 誕生石入りペンダント
1万9800円

天使の卵に誕生石をあしらった
定番人気商品

B SILVER OHNO
しるばー おおの

長年愛されるシルバー製品

アクセサリーや食器など、オリジナルの銀製品は、流行を問わず長く使えるものばかり。卵に羽をあしらった「天使の卵」シリーズは、毎年新作を発表するロングセラー。

☎045-641-1275 🏠横浜市中区元町4-174 🕙11〜18時 🈂月曜（祝日の場合は翌日）🚉JR石川町駅から徒歩5分 🅿なし 🗾MAP付録P13C3

商品のアフターサービスも万全

Patisserie
LES BIEN-AIMÉS
P.93

石川町駅

P.93 ベルプラージュ 横浜元町店
近沢レース店元町本店
SILVER OHNO
キタムラ元町本店
P.92 竹中
Ⓐ Ⓑ Ⓒ Ⓔ
Ⓓ
元町通り

ポンパドウル元町本店
P.99

P.93 Ruhm*
P.96 kaoris
P.92 デア クライネ ラーデン 東京
P.95 Le Petit Courageux
フクゾー洋品店
タカラダ元町本店

元町本店限定デザインハンカチ
各1430円

今治タオルにヨット柄のレースを
あしらっている

C 近沢レース店元町本店
ちかざわれーすてんもとまちほんてん

日常を彩る美しいレース小物

ドイツ、トルコ、ベトナムなど世界各国のレースを使い、日本人好みの仕上げたアイテムを販売。普段使いできるハンカチやポーチなど、手頃な商品も充実している。

☎045-641-3222 🏠横浜市中区元町3-119 🕙10時30分〜18時 🈂不定休（要問合せ）🚉JR石川町駅から徒歩5分 🅿なし 🗾MAP付録P14D4

明治34年（1901）に創業した

丸襟パイピングブラウス（長袖）
1万9800円

オリジナルのチェックの生地。
4サイズ展開

D フクゾー洋品店
ふくぞーようひんてん

ハマっ子御用達のシャツ

タツノオトシゴマークで知られる洋品店。糸、生地、裁断、縫製、刺しゅうにいたるまで、自社で一貫して行う。ベーシックなデザインのシャツは、どんなシーンにも活躍。

☎045-651-2801 🏠横浜市中区元町3-127 🕙10時30分〜18時30分（土・日曜、祝日は〜19時）🈂無休、臨時休業あり 🚉みなとみらい線元町・中華街駅から徒歩5分 🅿提携駐車場あり 🗾MAP付録P14D4

レディース商品は1階に揃う

ラムボールは元町みやげの大定番！

「喜久家洋菓子舗」のラムボール1個303円は、ラム酒をたっぷり染み込ませた生地をチョコレートでコーティングした大人の味。2個以上でステキな箱に入れてくれる。

☎045-641-0545 **MAP**付録P14E4

横浜ビフォー＆ナウ
プレート 27cm
3300円

横浜の過去と現在の風景を
描いたシリーズ

"優雅に生活を楽しむ"がコンセプト

E タカラダ元町本店
たからだもとまちほんてん

横浜をモチーフにした洋食器

140年以上の歴史を誇るテーブルウエアの専門店。横浜にちなんだデザインの洋食器からインポートのアイテムまで、品揃えは8000点以上。オーダーメイドも可能。

☎045-641-0057 住横浜市中区元町3-118 ⏰10時30分～19時 休月曜 交みなとみらい線元町・中華街駅から徒歩5分 Pなし MAP付録P14D4

┌◎ えの木いつスイーツスタンド P.93
├◎ 喜久家洋菓子舗 P.91
├── 松下信平商店
├── ミハマ元町本店
├◎ リオス ボングスタイオ P.95
│ 元町・中華街駅
┤ STAR JEWELRY 元町本店
├◎ グリーンサム P.92
├◎ ウチキパン P.99
├◎ STAR JEWELRY CAFE & Chocolatier P.96
├◎ 仏蘭西料亭 横濱元町 霧笛楼 P.94
└◎ Café Next-door P.95

F G **H**

元町

F 松下信平商店
まつしたのぶへいしょうてん

オリジナル家具と輸入小物を

ナラやサクラの無垢材を用い、好みのデザイン、サイズ、色で家具をオーダーできる老舗。ヨーロッパやアメリカの輸入小物も扱っており、ステンドグラスのランプは根強い人気。

☎045-641-0303 住横浜市中区元町2-85 ⏰10～19時 休月曜（祝日の場合は翌日）交みなとみらい線元町・中華街駅から徒歩3分 Pなし MAP付録P14E4

店頭にはミニスツール5500円が並ぶ

ステンドグラスのランプ
2万2000円

ぶどうの赤が華やか。インテリアの主役に

K18YG
ダイヤモンドネックレス
5万5550円

ゴールドの月と一粒ダイヤモンドの組み合わせ

K10YG ダイヤモンドチャーム
3万6300円

スターにダイヤモンドが輝く元町本店限定品

ローヒールパンプス
2万5300円

リボンが目を引く。柔らかい革で履きやすい

G ミハマ元町本店
みはまもとまちほんてん

履き心地抜群のシューズ

シンプルかつエレガントなデザインと、歩きやすさが人気のシューズブランド。日本人の足に合わせて作られた約150種類の木型を基に、熟練の職人が丁寧に作り上げる。

☎045-641-1221 住横浜市中区元町2-83 ⏰10～19時 休月曜不定休（要問合せ）交みなとみらい線元町・中華街駅から徒歩3分 P提携駐車場あり MAP付録P14E4

2023年に創業100周年を迎える

H STAR JEWERLY 元町本店
すたーじゅえりー もとまちほんてん

遊び心あふれるジュエリー

全国展開する有名ジュエリーブランドは、昭和21年（1946）に横浜・元町で創業。本店では、シーズンごとの新作からブライダルジュエリーまでフルラインナップを展開する。

☎045-641-0650 住横浜市中区元町1-24 ⏰11時～19時30分 休不定休 交みなとみらい線元町・中華街駅から徒歩2分 Pなし MAP付録P14E4

日本で初めて本格的にピアスを販売

 毎年2月と9月に行われる「チャーミングセール」は、元町の一大イベント。各店がプライスダウンし、お得にお買い物を楽しめます。

元町通りからちょっと路地裏へ
かわいい雑貨＆スイーツを発見

メインストリートから一本入った裏通りには、個性豊かなお店がたくさん。
心ときめく雑貨からフォトジェニックなスイーツまで、ステキなものが揃っています。

ZAKKA

ドイツ伝統のおもちゃ
くるみ割り人形　おもちゃ売り
1万7050円 Ⓐ

おもちゃ売りの格好がユニーク。くるみ割り人形の生産がさかんなドイツのザイフェン村で作られた

ハンドメイドの材料にも
ペーパータオル
各270円〜 Ⓑ

箱に貼り付けてリメイクアイテムとして使うなど、多用途で使える

キッチンの守り神
キッチンウィッチ　花魔女
1万450円 Ⓒ

帽子に花々を飾り、ブーツの中にラベンダーを詰めたキュートな魔女。なんと320歳とパワフル！

楽しい声が聞こえてきそう
イースターを楽しむウサギの子どもたち
1万4740円 Ⓐ

卵と並んでイースターの象徴とされるウサギの置物。楽器演奏などをしてお祝いする4体がセットに

まるで宝石のような装飾
マグネットカバー付きメモ用紙
各638円〜 Ⓑ

エレガントな装飾のメモ帳。表紙にはマグネットが付いていて使いやすい。中身のメモ用紙にも絵柄が

手描きイラストがかわいい
バンダナ　猫と魔女
各1100円 Ⓒ

魔女、猫、ハーブの柄をあしらったオリジナルデザイン。中心にはマザーグースの詩の「恋の呪文」が

たけなか
竹中 Ⓐ

インポートの室内装飾品を扱う
大正13年（1924）創業。ドイツを中心に、ヨーロッパやアメリカから直輸入したインテリア商品を取り扱う。☎045-641-0858 🏠横浜市中区元町4-180 ⏰12〜17時 休月・火曜（祝日の場合は営業）🚉JR石川町駅から徒歩5分 🅿なし ⓂⒶⓅ付録P13C3

であ くらいね らーでん とうきょう
デア クライネ ラーデン 東京 Ⓑ

種類豊富な紙製品の宝庫
小ぢんまりとした店の壁一面に並ぶヨーロッパ、アメリカのペーパーナプキンやレースペーパー。その数、約4000種類。☎045-671-1254 🏠横浜市中区元町5-209 ⏰10〜17時 休月曜 🚉JR石川町駅から徒歩5分 🅿なし ⓂⒶⓅ付録P13C3

ぐりーんさむ
グリーンサム Ⓒ

魔女グッズとハーブの専門店
約40年前、ハーブと魔女の魅力を広めるために開業。家の守り神「キッチンウィッチ」は店主の手作り。☎045-681-4981 🏠横浜市中区元町1-37 ⏰11〜18時 休月・火曜（祝日の場合は営業）🚉みなとみらい線元町・中華街駅から徒歩2分 🅿なし ⓂⒶⓅ付録P12D2

SWEETS

デコレーションがおしゃれ
えの木てい グルメシフォン
各680円 D

シフォンケーキの上に、クリームやフルーツをトッピング。左からいちご、ローズ、チェリーショコラ

3色のミニトーチ
トーチチョコレート
6個入り 756円 E

自由の女神のトーチをモチーフにしたチョコレート。ピスタチオ、バニラ、ストロベリーの3フレーバー

とろけるような口あたり
チョコレートバルブ
235g入り 1728円 E

薄いチョコレートのシェルの中にはチョコレートクリームが。ダーク、ストロベリー、アーモンドの3種類

人気商品がセットに
アソートサンド
6個入り 2160円 D

チェリーサンドとチェリーサンドショコラが各2個、マロンサンドとフロマージュサンドが各1個入る

繊細な模様に感動
チョコレートジェム
12個入り 2160円 E

モザイクやタイルの模様をあしらったボンボンショコラ。ほうじ茶、オレンジ、キャラメルなど12種類

店のスペシャリテ
シャルロット
620円 F

旬のフルーツを使ったムースを、軽い食感のビスキュイで囲んでいる。貴婦人の帽子をイメージしたもの

えのきていすいーつすたんど
えの木ていスイーツスタンド D

あの人気カフェの味を手軽に

山手の洋館カフェ「えの木てい 本店」(☞P106)のシフォンケーキをアレンジしたえの木てい グルメシフォンは約10種類。☎045-225-8517 住横浜市中区元町2-87-9 KOYO元町ビル1階-A 時11〜19時 休火 交みなとみらい線元町・中華街駅から徒歩3分 Pなし MAP付録P12D2

べるぷらーじゅ よこはまもとまちてん
ベルプラージュ 横浜元町店 E

横浜発のチョコレートショップ

オリジナリティあふれるレシピで作られるチョコは、ビジュアルにもこだわりがあり、おみやげに最適。☎045-228-8411 住横浜市中区元町3-131-1 酒井ビル1・2階 時10時30分〜19時 休無休（夏期休業あり）交みなとみらい線元町・中華街駅から徒歩4分 Pなし MAP付録P12D3

ぱてぃすりー れ びあん えめ
Patisserie LES BIEN-AIMÉS F

スイーツマニア注目のパティスリー

パリや国内の洋菓子店で修業したパティシエによるフランス菓子専門店。ケーキはほとんどが季節替わり。☎045-305-6840 住横浜市中区石川町2-78-15 時11〜19時（売切れ次第終了）休火・水曜 交JR石川町駅から徒歩1分 Pなし MAP付録P13B3

「えの木ていスイーツスタンド」はイートインも可能です。イチオシは食用バラをあしらった横濱ローズパフェ1300円。

元町マダムを虜にする
レストランでランチはいかが？

元町には、地元のマダムに評判のステキなレストランが揃っています。
おめかしして出かけたい有名店からビストロまで、名店でランチをしましょう。

ランチ 6930円〜
（サービス料別）

オードブル2品、魚料理と肉料理、デザートが付く。

肉料理
国産牛頬肉の柔らか赤ワイン煮 じゃが芋のロースト
リヨネーズ風ベーコン・ガーリックの風味と
インゲン豆と共に

ふらんすりょうてい よこはまもとまち むてきろう
仏蘭西料亭 横濱元町 霧笛楼

老舗の名店でフレンチを

横浜港開港当時を彷彿させる建物は、関内に実在した芸者ハウスをモチーフにしたもの。ステンドグラスの光が優しい店内にはアンティークの調度品が配され、まるでタイムスリップしたような感覚を味わえる。横浜の野菜やフランスの食材を取り入れたクラシカルなフレンチを、特注の横濱焼の器で堪能しよう。

☎045-681-2926 Ⓢ横浜市中区元町2-96 Ⓣ11時30分〜13時LO、17時30分〜19時LO Ⓗ月・木曜不定休 Ⓔみなとみらい線元町・中華街駅から徒歩4分 Ⓟなし ⓂⒶⓅ付録P12D3

◀横濱焼の皿が目を引く美しいテーブルセッティング▼船をモチーフにした看板が飾られている

◆予算目安◆
昼 コース1名6930円〜
夜 コース1名1万1000円〜
（前日までに要予約）

本日のメニュー

オードブル
鱒の自家製フュメ
あやめ蕪のブランマンジェとそのブルーテ
ビーツの香り
海藻のジュレとエディブルフラワーを散りばめて

魚料理
長崎県産マトダイのサバイヨン焼き
白菜のブレゼと花野菜のディップ
（ロマネスコとカリフラワー）春菊の香り
ブイヤベース風

デザート
洋梨のコンポートとコンフィチュール和えバニラ
アイスクリーム フロマージュのムースリーヌ
イチゴと赤いフルーツのソース
ピスタチオを振りかけて

国産牛肉使用の
欧風カレーは数量限定

「仏蘭西料亭 横濱元町 霧笛楼」隣接の「Café Next-door」では、バルマンテイエ（じゃがいも）風スープを添えた横濱フランスカレー1800円を味わえます。提供は11時30分〜14時。☎045-641-2538 **MAP**付録P12D3

えすてい
ST
シェフ夫妻のもてなしも評判

旬の野菜と魚介をふんだんに使ったフレンチで人気の隠れ家風レストラン。全11席、昼夜ともコースのみなので早めの予約を。

☎070-5452-0831 **住**横浜市中区元町2-80 元町代官坂ビル1階 **時**12〜15時、18〜23時 **休**水曜 **交**みなとみらい線元町・中華街駅から徒歩6分 **P**なし **MAP**付録P12D3

ランチフルコース 6000円〜
（乾杯ドリンク付き）

前菜からメインまでの6品にデザート2種が付く。内容はその日の食材による。

▲隠れ家的雰囲気が女子会や記念日に大人気

◆予算目安 ▶昼 コース1名6000円〜 夜 コース1名6880円〜

ビストロコース 2100円

アミューズ、オードブル、メイン、デザート、5種の焼き菓子がセット。

◆予算目安 ▶昼 コース1名2100円〜 夜 コース1名5000円〜

▲くつろげるおしゃれな店内にはカウンター席もある

る ぷてぃ くらーじゅ
Le Petit Courageux
地元マダム御用達のレストラン

フランスの2つ星レストランで腕を磨いたシェフならではの、目にも美しい絶品フレンチがカジュアルに楽しめる。ランチ、ディナーともにプリフィクスでコース内のメニューを数種類のなかから選べる。

☎045-681-2665 **住**横浜市中区元町5-209 **時**11時30分〜15時30分、18時〜22時30分 **休**月曜（祝日の場合は翌日）**交**JR石川町駅から徒歩5分 **P**なし **MAP**付録P13C3

りおす ぼんぐすたいお
リオス ボングスタイオ
ローマ料理をカジュアルに楽しむ

ローマで7年腕を磨いたシェフが、下町のオステリア（食堂や酒場）をイメージして開いた店。ランチコースは2種類あり、夜はパスタを中心に豊富なアラカルトを楽しめる。

☎045-222-6101 **住**横浜市中区元町1-23-1 **時**12〜13時LO、17時30分〜21時30分LO **休**日曜、月2回月曜不定休 **交**みなとみらい線元町・中華街駅から徒歩3分 **P**なし **MAP**付録P12D2

Aコース 2500円

パスタは3種から選ぶ。スープ、前菜4種盛り、サラダ、ドルチェ付き。

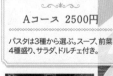

▲赤い壁が印象的。全18席の小ぢんまりとした店

◆予算目安 ▶昼 コース1名2500円〜 夜 1名5000円〜

仏蘭西料亭 横濱元町 霧笛楼の2階は、畳にテーブルをセットした予約制のお座敷ルーム。特別な日におすすめ（サービス料15%）。

お買い物の後のブレイクは
元町のこだわりカフェへ

ショッピングで歩き回ったら、疲れた体においしいものが恋しくなります。
お目当てに訪れる人も多い、人気のカフェでひと休みするのはいかが？

**蒸し鶏と
キヌアのサラダ
1210円**
横浜野菜にオニオンドレッシングをかけて。野菜のポタージュとパン付き。

すたーじゅえりー　かふぇ　あんど　しょこらていえ
STAR JEWELRY
CAFE & Chocolatier

野菜たっぷりのヘルシーランチ

「STAR JEWELRY」がプロデュースするカフェ。地元野菜を使ったサラダランチや、オーガニック・フェアトレードのスイーツなどを味わえる。ボンボンショコラ各297円も販売。

☎045-212-5946 🏠横浜市中区元町2-97 🕐11時～18時30分LO 🈺月曜(祝日の場合は翌日) 🚉みなとみらい線元町・中華街駅から徒歩2分 🅿なし 🗺付録P12D3

**ほかにも！
おすすめmenu**
・クラシックショコラのケーキ 自家製ジェラート添え 1210円など

▶ジュエリーブランド直営ならではのスタイリッシュな店

かおりず
kaoris

パン生地から作るフレンチトースト

オーナーが旅先で出合った各国の食文化を取り入れたメニューが揃う。イチオシは新鮮な赤玉卵と専用のパンで作るフレンチトーストや、紅茶にスチームミルクを加えたティーラテ。産地直送の紅茶も約40種類。

☎045-306-9576 🏠横浜市中区元町3-141-8 2階 🕐11～18時(土・日曜、祝日は～19時) 🈺水曜 🚉みなとみらい線元町・中華街駅から徒歩6分 🅿なし 🗺付録P13C3

**フレンチトースト
セット ミックスベリーとマスカルポーネクリーム2420円**
最高級のマスカルポーネを使ったクリームはソフトな口当たり。

**ほかにも！
おすすめmenu**
・フレンチトーストセット オールドファッション 2420円など

◀店内はシンプル＆モダンなインテリアで統一

洋館カフェで味わう
絶品フレンチトースト

元町と山手を結ぶ代官坂に立つ「Pa ty Cafe」。メルヘンチックな建物に入れば、国産小麦や自家製天然酵母を用いパン職人の当主が作る、人気のフレンチトースト950円が味わえます。
☎045-664-2740 **MAP**付録P12D3

元町・山手 ● 元町のこだわりカフェへ

にほんちゃせんもんてん さくら
日本茶専門店 茶倉 SAKURA
お茶づくしのヘルシースイーツ

無農薬、低農薬のものを中心に、全国の契約農園から仕入れるお茶は常時20種類以上揃う。抹茶やほうじ茶を生かしたスイーツは甘さ控えめで、お茶の風味を存分に楽しめる。
☎045-212-1042 住横浜市中区元町2-107
⏰11〜19時 休月曜（祝日の場合は翌日）交みなとみらい線元町・中華街駅から徒歩4分 Pなし
MAP付録P12D3

◀コンクリート造りのスタイリッシュな店内

ほかにも！
おすすめmenu
・抹茶パフェ 1500円
・豆腐ハンバーグセット1400円
すべてお茶付き

ほうじ茶パフェ
お茶付き
1500円

ほうじ茶のクッキー、ブラマンジェなどを盛り付け。お茶付き。

▲アンティーク家具を配した店内はドラマなどのロケ地にも

ほかにも！
おすすめmenu
・ブレックファースト
プレート825円
・バインミー1100円

ばい みー すたんど もとまち
BUY ME STAND MOTOMACHI
おしゃれなダイナーでホットサンドを

元陶器店をリノベーションした、レトロアメリカを感じるダイナー。ボリューム満点のサンドイッチやオリジナルにアレンジしたバインミーを提供する。モーニングメニューも人気。
☎045-264-4405 住横浜市中区元町2-108
⏰9時〜17時30分LO 休無休 交みなとみらい線元町・中華街駅から徒歩5分
Pなし **MAP**付録P12D3

EGGUCHI1540円
グアバジュース440円
（セットの場合は＋220円）

カラメルを練り込んだ黒パンで甘めの卵焼きとベーコン、チーズをサンド。

📖 「kaoris」では、紅茶を自宅でも楽しめるよう茶葉のテイクアウトが可能です。マドレーヌなど焼き菓子と合わせたギフトも。

地元っ子御用達の元町ベーカリーで明日の朝ごはん、買って帰ろう

地元客でいつも賑わう元町のパン屋さんは素材や製法にこだわった名店揃い。
明日の朝ごはんを探しに訪ねてみたい、老舗からニューフェイスまでご紹介します。

厨房を望む店内では、焼きたてのパンがずらり。香ばしい香りが漂う。

ぶらふべーかりー
ブラフベーカリー

**有名店のシェフを務めた
オーナーのパン**

東京の有名店の技術顧問を務めた栄徳シェフが手がけるベーカリー。代官坂の途中にあるこの店は、観光客だけでなく地元住民の利用も多く、いつも賑わっている。シンプルな店内には、おなじみのものから、ポレンタ（トウモロコシの粉の粥を生地に混ぜ込んだハード系のパン）430円といった珍しいものまで、約70種類のパンが並ぶ。

☎045-651-4490 住横浜市中区元町2-80-9モトマチヒルクレスト1階 営8〜17時 休無休 交みなとみらい線元町・中華街駅から徒歩6分 Pなし MAP付録P12D3

▲NYスタイルのパンが並ぶ店内

▶ロゴが描かれたブルーのショッパー

明日の朝ごはんにしよう

◀ミルククリームに北海道産発酵チャーンバターを使ったミルクスティック240円、スペシャリテのキャロットケーキ1g2.6円、ベーグル280円〜

▲代官坂にあるベーカリー。青いドアが目印

▶パンを包む紙はおしゃれなポスターのよう

日本のベーカリーは横浜が発祥地

西洋風のパン屋の発祥は文久年間（1861〜）といわれ、慶応元年(1865)には英国人ロバートクラークが「横浜ベイカリー」を外国人居留地の山下町に開業。その流れを汲むのがウチキパン（☞P99）であり、英国の伝統製法による山型パン、イングランドをいまに伝えています。

▲（左上から）チーズバタール702円、フランスあんぱん194円、アップルパイ¼399円、とろけるチーズパン259円、ムトン216円

▲元町のメイン通りにある赤い看板のベーカリー

うちきぱん
ウチキパン

ハマっ子に愛され続ける老舗店

明治21年（1888）に創業し、現在は4代目がその味を守っている老舗ベーカリー。初代から変わらぬ製法の食パン・イングランド390円を中心に、素朴な味わいのパンは横浜市外のファンも多い。

☎045-641-1161 住横浜市中区元町1-50 時9〜19時 休月曜（祝日の場合は翌日）交みなとみらい線元町・中華街駅から徒歩2分 Pなし MAP付録P12D2

▲（奥から時計回りに）セサミ・スイートポテト290円、アップルパイ210円、北の大地170円、ロングウインナーパイ230円など

▲ガラスのレトロなロゴがかわいらしい

ぽんぱどうるもとまちほんてん
ポンパドウル元町本店

全国に展開するベーカリーの本店

本場フランスの職人から受け継いだ伝統製法のフランスパンが有名。看板商品のチーズバタールや季節ものなど、常時120〜130種のパンが揃う。できたてはイートインで。毎月12日に登場する新商品も楽しみだ。

☎045-681-3956 住横浜市中区元町4-171 時9〜20時（カフェコーナーは18時LO）休不定休 交みなとみらい線元町・中華街駅から徒歩7分 Pなし MAP付録P13C3

▲（上から）にんにくとオリーブ210円、黒糖で炊いた餡をブリオッシュの生地で挟んだあんぱん1個260円、クロワッサン生地をパイのように焼き上げたマッチとカシス、クリとレモン、あんこフランボワーズ各260円

▲奥の工房で焼き上げるパンが出揃う10時頃が狙い目

おーとぅー
O to U

独創的なパンが揃う注目店

都内や神奈川のベーカリーで修業を積んだ店主が作るパンは、見た目も素材の組み合わせも斬新なものばかり。ハード系からスイーツ系、惣菜系まで、約50種類がラインナップ。人気商品は売切れ必至なのでお早めに。☎なし 住横浜市中区元町1-54 リブレ元町2階 時9〜17時（なくなり次第終了）休月・火曜（祝日の場合は営業）交みなとみらい線元町・中華街駅から徒歩4分 Pなし MAP付録P12D3

📖「ブラフベーカリー」は横浜髙島屋や日本大通りに姉妹店があります。本牧にはカフェ「アンダーブラフコーヒー」も。

晴れた日はエキゾチックな
山手をおさんぽしましょう

緑がいっぱいの公園に、古くからの洋館が点在する山手エリア。
ゆるりとした時間が流れる異国情緒漂う街は、おさんぽのベストスポットです。

① 山手イタリア山庭園
やまていたりあやまていえん

一年中花の咲くイタリア式庭園

明治期にイタリア領事館が置かれたこ
とからその名が付いた庭園。園内には
年間通して花が咲き、庭の向こうには
横浜の大パノラマが広がる。

☎045-662-8819(外交官の家) 住横浜市中
区山手町16 ¥入園無料 ◐9時30分～17時
休施設により異なる 交JR石川町駅から徒歩5
分 Pなし MAP付録P13B4

園内の洋館をCHECK!
・ブラフ18番館⇒P103
・外交官の家⇒P102

▲奥は外交官の家。ブラフ18番館の
前には7つの西洋館のジオラマが置か
れた「小さな西洋館の丘」も

花×洋館の
組み合わせに
うっとり

徒歩
8分

② 山手公園
やまてこうえん

日本で初めての洋式公園

明治3年(1870)、居留外国人に
より作られ、テニス発祥地として
も有名。当時のテニスクラブが今
も残り、テニス発祥記念館もある。

☎045-641-1971(管理事務所) 住横
浜市中区山手町230 ¥◐休散策自由
交JR石川町駅から徒歩12分 Pあり(有
料) MAP付録P13C4

▲園内には旧山手68番館があり、管
理事務所として活用されている

徒歩
5分

③ 元町公園
もとまちこうえん

洋館が点在する緑豊かな公園

桜の名所としても知られるこの公園は、緑が
多く清々しい場所。洋館のほか、明治初期に
作られた貯水槽などの遺構が点在する。

☎045-211-1101(エリスマン邸) 住横浜市中区元町
1-77-4 ¥◐休散策自由 交みなとみらい線元町・中
華街駅から徒歩8分 Pなし MAP付録P12D3

園内の洋館をCHECK!
・エリスマン邸⇒P103 ・ベーリック・ホール⇒P102
・山手234番館⇒P103

▲芝生の広場には
西洋風の東屋が

徒歩
すぐ

◀木立の間は涼しく、
リフレッシュにもなる

パラの見ごろは
5月と10月

▲沈床花壇の向こうに立つのは、アーチ形の建築が特徴的な大佛次郎（おさらぎじろう）記念館

▲展望台からはベイブリッジなどを見渡せる

みなとのみえるおかこうえん
⑤ 港の見える丘公園

横浜港を見下ろす小高い公園

約5万7000㎡の広い公園。眺望のよい展望台やローズガーデンがある。

☎045-671-3648（横浜市都心部公園担当）住横浜市中区山手町114 ¥⊙休散策自由（フランス山地区は夜間閉門）交みなとみらい線元町・中華街駅から徒歩5分 Ⓟ17台（有料）MAP付録P12E3

> 園内の洋館をCHECK!
> ・山手111番館☞P103
> ・横浜市イギリス館☞P103

徒歩
5分

▼明治42年（1909）建造
当時の姿を今に伝える

やまてしりょうかん
④ 山手資料館

古い歴史をもつ
レトロ建築

山手に唯一現存する明治期の木造西洋館。大正期のガラスコレクションなど、開港当時の資料が並ぶ。

☎045-622-1188 住横浜市中区山手町247山手十番館庭園内 ¥入館無料 ⊙11～16時 休月曜（祝日の場合は翌日）交みなとみらい線元町・中華街駅から徒歩8分 Ⓟなし MAP付録P12E3

山手おさんぽMAP

① 山手イタリア山庭園
② 山手公園
③
④ 山手資料館
⑤ 港の見える丘公園

📖 山手の各西洋館では山手散策のMAP（無料）がもらえます。各公園や西洋館の特徴も紹介されているので、散歩のおともにオススメです。

往時の暮らしぶりに思いを馳せて
クラシカルな洋館探訪

小高い丘の上にある山手には、明治時代から昭和初期に建てられたおしゃれな洋館が点在。横浜市所有の7館は無料で館内を見学でき、異国情緒に浸ることができます。

ココが素敵
[サンルーム]
やわらかな光が差し込み、手入れされた美しい庭園を眺められる。

▶落ち着いた色調の調度品が並ぶ2階寝室

ココが素敵
[玄関]
白と黒のタイル張りの床や、アイアンワークの扉が美しい。

▶2階の令息寝室は山手西洋館の中では唯一の子ども部屋

がいこうかんのいえ
外交官の家

明治の上流階級の暮らしを体感

外交官・内田定槌の旧私邸であるアメリカン・ヴィクトリアン様式の建物を移築復原し、一般公開。1階には食堂や客間など重厚な装飾の部屋が、2階には寝室や書斎などの部屋が並び、家具や調度品も再現。付属棟には喫茶スペースもある。

☎045-662-8819 🏠横浜市中区山手町16 🎫入館無料 🕘9時30分～17時 休第4水曜(祝日の場合は翌日)🚃JR石川町駅から徒歩5分 🅿なし MAP付録P13B4

べーりっく・ほーる
ベーリック・ホール

スパニッシュスタイルを基調とした建物

イギリス人貿易商B.R.ベリックの邸宅として、昭和5年(1930)に設計。約600坪の敷地に立ち、3連アーチの玄関や、瓦屋根をもつ煙突、玄関や階段のアイアンワークなど、建物は見ごたえたっぷり。

☎045-663-5685 🏠横浜市中区山手町72 🎫入館無料 🕘9時30分～17時 休第2水曜(祝日の場合は翌日、12月は開館)🚃みなとみらい線元町・中華街駅から徒歩8分 🅿なし MAP付録P12D3

季節のイベントも要チェック！
音楽コンサートなどが催される2月の横浜山手芸術祭をはじめ、山手西洋館では各種のイベントが行われます。季節に応じたさまざまな館内の装飾も楽しみです。

> **ココが素敵**
> [サロン]
> ティータイムやチェスなどに興じたとされる部屋。窓枠もおしゃれ。

> **ココが素敵**
> [応接室]
> 中央にある六角形のテーブルなどはレーモンドが設計したものを復元。

ぶらふじゅうはちばんかん
ブラフ18番館

関東大震災復興期の外国人住宅

大正末期〜昭和初期の外国人住宅を再現。震災前の外国人住宅の特徴を残しながら、外壁は防災を考慮したモルタル吹き付け仕上げになっているのが印象的。復元した横浜家具や、約100年前のピアノも必見。

☎045-662-6318 住横浜市中区山手町16 ¥入館無料 ⏰9時30分〜17時 休第2水曜（祝日の場合は翌日、12月は開館）交JR石川町駅から徒歩5分 Pなし MAP付録P13B4

えりすまんてい
エリスマン邸

木造2階建てのシンプルな洋館

スイス人貿易商エリスマンの邸宅を移築し公開。設計は"日本の近代建築の父"といわれる建築家アントニン・レーモンドで、モダニズム的要素をもつことが特徴。

☎045-211-1101 住横浜市中区元町1-77-4 ¥入館無料 ⏰9時30分〜17時 休第2水曜（祝日の場合は翌日、12月は開館）交みなとみらい線元町・中華街駅から徒歩8分 Pなし MAP付録P12D3

――――― こちらの洋館も素敵です ―――――

> **外国人共同住宅として設計**
> ◀館内外ともに左右対称の設計

やまてにひゃくさんじゅうよんばんかん
山手234番館

コンパクトかつシンプルな洋館。昭和50年代頃までアパートとして使用された。☎045-625-9393 住横浜市中区山手町234-1 ¥入館無料 ⏰9時30分〜17時 休第4水曜（祝日の場合は翌日）交みなとみらい線元町・中華街駅から徒歩7分 Pなし MAP付録P12D3

> **スパニッシュスタイルの洋館**
> ◀玄関の前の3連アーチが特徴的

やまてひゃくじゅういちばんかん
山手111番館

大正15年(1926)に建てられた洋館。優美で開放的な吹き抜けホールが印象的。☎045-623-2957 住横浜市中区山手町111 ¥入館無料 ⏰9時30分〜17時 休第2水曜（祝日の場合は翌日、12月は開館）交みなとみらい線元町・中華街駅から徒歩7分 Pなし MAP付録P12E3

> **かつての英国総領事公邸**
> ◀玄関の横には王冠を記した銘板が

よこはましいぎりすかん
横浜市イギリス館

昭和12年(1937)創建の旧総領事公邸。2階の窓からは中庭などが眺められる。☎045-623-7812 住横浜市中区山手町115-3 ¥入館無料 ⏰9時30分〜17時 休第4水曜（祝日の場合は翌日）交みなとみらい線元町・中華街駅から徒歩6分 Pなし MAP付録P12E3

📖 山手西洋館の建物のうち、建物の名前に数字が入っているものがあります。これは、建物が立つ場所の旧住所の番地を示しています。

山手の瀟洒なレストランで
優雅にランチはいかが？

ハイソな異国情緒が漂う山手には、おしゃれなレストランが点在します。
ちょっぴりおすまししながら、ゆったりランチをいただきましょう。

やまてじゅうばんかん
山手十番館

瀟洒な西洋館を利用した山手の老舗フランス料理店

昭和42年（1967）に明治百年祭を記念して開館。2階では、クラシカルな装飾が施され開港当時を彷彿させる雰囲気の中で季節のフレンチを味わえる。1階のカフェでは、定番人気のプリン・ア・ラ・モード680円を。

---------- Lunch menu ----------
セレクションランチ 3500円〜
メインは肉・魚料理のどちらかを選べ、小さなオードブルの盛り合わせ、スープ、デザート付き。

☎045-621-4466 住横浜市中区山手町247 営1階11時30分〜16時。2階11時30分〜15時、17〜21時 休月曜（祝日の場合は翌平日）交みなとみらい線元町・中華街駅から徒歩6分 Pなし MAP付録P12E3

❶シンボルの時計台からは毎時『赤い靴』のメロディが流れる❷ステンドグラスやランプが文明開化の頃を思わせる❸昔ながらの懐かしい味わいのプリン・ア・ラ・モード

やまてろーずてらす
山手ローズテラス

地産地消の絶景レストラン

港の見える丘公園隣にあり、横浜港の絶景とともに、神奈川県産の新鮮素材を使った料理が味わえる。夜景が演出するディナー6000円〜は記念日におすすめ。

☎045-621-9684（KKRポートヒル横浜）住横浜市中区山手町115KKRポートヒル横浜内 営11時30分〜21時 休無休 交みなとみらい線元町・中華街駅から徒歩5分 P25台 MAP付録P12E3

---------- Lunch menu ----------
YAMATE-山手- 5000円
季節に合わせた食材を使用する、ぜいたくなランチのフルコース。誕生日や記念日に。

▲絶景をほしいままにするビューシートもある

夏だけのおたのしみ
絶景ビアガーデン

山手ローズテラスでは6月中旬～9月上旬に「港の見えるビアガーデン」を開催。お得な飲み放題付きの各種プランも用意しています。雨天時も屋根付きデッキで盛り上がれます。
☎045-621-9684 **MAP**付録P12E3

やまてろしゅ
山手ROCHE

デミグラスソースが自慢の
ハイカラな洋食の名店

昭和42年（1967）の創業から変わらないレトロな洋食店。10日間かけて仕込む自家製のデミソースが、粗挽き肉使用のハンバーグと絶妙にマッチ。
☎045-621-9811 🏠横浜市中区山手町246カーネルスコーナー1階 🕚11～19時LO 🏠月・火曜（祝日の場合は翌日）🚉みなとみらい線元町・中華街駅から徒歩5分 🅿なし **MAP**付録P12E3

------- Lunch menu -------
ビーフシチューハンバーグセット
2500円
7時間煮込むビーフシチューとハンバーグの贅沢な組み合わせ。ライスまたはパン、サラダ、ドリンク付き。

▲クラシックなロゴの看板を目印にしよう

えりぜひかる
エリゼ光

地元産素材の絶品フレンチが光る
事前予約制のレストラン

三浦半島産の魚介や横浜牛など、当日入荷の素材で作る創作料理の店。天野甘露醤油使用のしょうゆパンや定評ある生プリンも味わえる。 ☎045-621-4890 🏠横浜市中区山手町246カーネルスコーナー2階 🕚11時30分～14時30分LO、17時30分～20時30分LO※2カ月～2日前の18時までに要予約 🏠水曜 🚉みなとみらい線元町・中華街駅から徒歩5分 🅿なし **MAP**付録P12E3

▲高台にあり、窓からは横浜の街並みを一望

------- Lunch menu -------
ランチコース 4235円
前菜2品と魚料理、デザート、コーヒー、人気のしょうゆパンも付く。

元町・山手 ● 山手のレストランで優雅にランチ

📖 明治時代、居留地の外国人に向けて、日本で初めてのビール醸造所が山手に作られました。

旅のひと休みを素敵に演出
異国情緒漂う山手のカフェへ

絵本から飛び出してきたようなかわいらしい洋館やレトロなカフェで、ティータイムはいかが？
さりげない調度品や使いこまれた家具に、ノスタルジックな西洋の香りを感じます。

こんなところが 素敵
英国式の洋館で、木製の上げ下げ窓や暖炉、煙突は建造当時のまま。

えのきてい ほんてん
えの木てい 本店

赤と白を基調とした一軒家カフェ

昭和2年（1927）に建てられ、かつてアメリカ人検事が暮らした一軒家は、今や山手きっての人気カフェ。かつてリビングとして使われていた部屋に150年以上前の家具を配したティールームや、季節の花が彩るテラス席で、約20種類揃う自家製ケーキをお好みでどうぞ。チェリーサンド1個324円などのオリジナルの洋菓子はパッケージもかわいらしく、おみやげにぴったり。

☎045-623-2288 🏠横浜市中区山手町89-6 🕐12〜17時LO（土・日曜、祝日は10時30分〜17時30分LO）休無休 🚃みなとみらい線元町・中華街駅から徒歩8分 🅿3台 MAP付録P12D3

▲美しい白亜の洋館。店名は庭の榎の木に由来

▼日本に数台しかないという年代物のレジスターも飾られる

▲レトロ調の調度品も店の雰囲気にぴったりとマッチ

▲昭和45年（1970）のオープン当時からのランプ

薔薇の香るスィートロールケーキ 748円
バラの花びら入りのスポンジでバラ風味のクレームブリュレを巻いたロールケーキ。

手作りスイーツと紅茶が自慢の名喫茶

高台から横浜市街を一望する「喫茶エレーナ」は、紅茶ファンが集まる人気店。手作りのスイーツも絶品です。パイナップルタルト500円は春〜秋限定の人気メニュー。
☎045-662-2723 MAP付録P13C4

ケーキセット
1000円
3種から選べるケーキに、ドリンクが付く。

霧笛オリジナルチーズケーキ
550円
創業時から変わらぬ味の濃厚なケーキ。ドリンクはプラス440円。

本日のケーキ 660円
マリーアントワネット 860円
ケーキは日替わりで約8種類。オリジナルローズティーなどをセットに。

あなーきーまま
アナーキーママ

お便りしながら優雅にブレイク

服飾とアートを展示する岩崎ミュージアム（🕐10〜17時🎫入館300円）に併設のカフェ。豊富なポストカード1枚150円も販売する。

☎045-623-2111（岩崎ミュージアム）🏠横浜市中区山手254 🕐10〜16時 🈺月・火曜（祝日の場合は翌日）※2023年1月現在、土・日曜、祝日のみ営業 🚃みなとみらい線元町・中華街駅から徒歩3分 🅿なし MAP付録P12E3

こんなところが
素敵
ロココ調の調度品が醸し出す優雅な雰囲気。

てぃーるーむむてき
ティールーム霧笛

大佛夫人が開いたティールーム

大佛次郎記念館（🕐10時〜17時30分、10〜3月は〜17時🎫入館200円）内にあり、カフェのみの利用も可能。夫人のレシピで作られたチーズケーキは、ここでしか味わえない名物。

☎045-622-3781 🏠横浜市中区山手町113 🕐10時30分〜18時 🈺月・火曜（祝日の場合は翌日）🚃みなとみらい線元町・中華街駅から徒歩8分 🅿なし MAP付録P12E3

こんなところが
素敵
ネコの絵や置物が飾られているレトロな空間。

かふぇ ざ ろーず
Cafe the Rose

バラに囲まれた洋館カフェ

山手111番館（☞P103）1階の喫茶室。目の前にローズガーデンが広がり、晴天時はテラス席も利用可能。紅茶とケーキを味わいながらひと息。

☎045-622-3332 🏠横浜市中区山手町111 🕐10時〜16時30分LO 🈺第2水曜（祝日の場合は翌日）🚃みなとみらい線元町・中華街駅から徒歩7分 🅿なし MAP付録P12E3

こんなところが
素敵
バラの絵や調度品を配したロマンティックな店。

📖 「えの木てい 本店」の個室は2時間2000円で利用可能（要予約）。アフタヌーンティーセット3000円〜など限定メニューを味わえます。

まるで異国のような景観
山手に洋館が多いのはなぜ？

異国情緒が漂う山手エリアには、現在も多くの洋館が立ち並びます。
開港とともに栄えた山手と洋館の歴史をたどってみましょう。

洋館を設計した人物とは？

❖ J. H. モーガン
1873-1937年（生年は諸説あり）
ニューヨーク出身の建築家。東京・丸ビルや日本郵船ビルの建築にも携わる。手がけた建物の半数は横浜に建てられた。

❖ 設計した建築物 ❖
❖ ベーリック・ホール（横浜）
❖ 山手111番館（横浜）
❖ 横浜山手聖公会（横浜）

❖ A. レーモンド
1888-1976年
旧帝国ホテル建設の際にフランク・ロイド・ライトの助手として来日。教会など多くのモダニズム建築を手掛け、日本の近代建築に大きく貢献した。

❖ 設計した建築物 ❖
❖ エリスマン邸（横浜）
❖ 東京女子大学礼拝堂（東京）
❖ 群馬音楽センター（群馬）

横浜開港とともに歩む山手の洋館の歴史

安政6年（1859）の開港以来、日本の玄関口として多くの外国人がこの地を訪れるようになった。山下町界隈には外国人居留地が完成し、外国人人口が増えたことから山手地区もこれに編入。貿易などの仕事を営む山下町に対して、山手が居住地と住み分けされるようになったことが山手居留地の始まりだ。多くの外国人が暮らした山手居留地だが、関東大震災で大半が倒壊し、居住者も神戸などへ移ってしまった。震災後、市の政策で居住外国人を呼び戻すため洋館の建築が始まり、戦火も免れたため、多くの建物が現存。今では多くの観光客が訪れる名所となっている。

洋館の歴史を訪ねてみました

❖ 山手資料館
明治42年（1909）に完成した木造西洋館。横浜市内から移築。
DATA ☞P101
MAP 付録P12E3

昭和期に撮影された現在のえの木てい 本店（☞P106）周辺の写真

❖ 旧山手68番館
昭和9年（1934）、外国人住宅として建築。
DATA ☞山手公園 P100
MAP 付録P12D4

❖ 外交官の家
明治時代の外交官が住んだ館を移築。国の重要文化財。
DATA ☞P102
MAP 付録P13B4

❖ ブラフ80メモリアルテラス
関東大震災で倒壊した山手80番館の遺構。
DATA ☞元町公園 P100
MAP 付録P12D3

❖ フランス山
かつてフランス軍が駐留。旧フランス領事官邸遺構が残る。
DATA ☞港の見える丘公園 P101
MAP 付録P12E2

山手の歴史年表

安政6年（1859） 横浜開港

文久3年（1863） 山手にイギリス軍とフランス軍の駐留が始まる。

慶応3年（1867） 山手が外国人居留地とされ、居留民の住宅が建てられる。

明治3年（1870） 居留外国人の手により山手公園が開園する。

明治32年（1899） 外国人居留地が廃止される。

大正12年（1923） 関東大震災が発生。多くの建築物が倒壊した。

昭和37年（1962） 戦後の接収が解除され、港の見える丘公園が開園した。

平成9年（1997） 外交官の家を渋谷から移築。国の重要文化財にも指定。

横浜時間でゆったりステイ
くつろぎのホテルはこちらです

みなとみらいの憧れホテルは、海辺に立ち並ぶ姿が印象的。
憧れのホテルステイで、港の風景を独り占めしましょう。
景色もサービスもワンランク上のハイクラスホテルなら、
きっと特別で非日常な時間を過ごせるはず。

ハーバービューな贅沢ステイ
ハイクラスホテルに注目

ここ数年、横浜の港町周辺にハイクラスの外資系ホテルが続々登場。
洗練された空間で、非日常を味わえること間違いなしです。

みなとみらい

うぇすてぃんほてるよこはま

ウェスティンホテル横浜

「健康になる旅」を提供するライフスタイルホテル

「ウェルネス」がコンセプト。代名詞である「ヘブンリーベッド」が穏やかな眠りへいざなう。栄養価の高い「イートウェルメニュー」でゲストを最高のコンディションに整える。

☎045-577-0888 住横浜市西区みなとみらい4-2-8 交みなとみらい線みなとみらい駅から徒歩6分 P50台(1泊3000円) ●鉄筋23階建全373室(デラックス:キング153／ダブル196,その他24) ●2022年6月開業 MAP付録P9A2

Hotel rooms
寝心地の良さを追求したヘブンリーベッドを全客室に採用

5軒のレストランやバーなどの施設も充実

✦ここに注目！✦

ジェットバス完備の室内プール(1滞在2200円)やフィットネススタジオがある

❋料金❋
キング・ダブル
4万円〜
❋時間❋
IN15時 OUT12時

Hotel rooms
横浜ベイブリッジをはじめ横浜港を望む「ザ・カハラ スイート」

みなとみらい

ざ・かはら・ほてるあんどりぞーと よこはま

ザ・カハラ・ホテル&リゾート 横浜

ハワイの名門ホテルが横浜に誕生

セレブリティに愛されるホノルルのリゾートホテルがルーツ。「クリスタルモダン」をコンセプトとした客室のデザインは、クリスタルの陰影とハワイの伝統的な文様を組み合わせたアロハスピリットをもたらす造り。

☎045-522-0008 住横浜市西区みなとみらい1-1-3 交みなとみらい線みなとみらい駅から徒歩8分 P76台(1泊4000円) ●鉄筋14階建全146室●2020年9月開業 MAP付録P9C1

みなとみらいの海辺に溶け込む建物

✦ここに注目！✦

14階の最上階に位置する「ザ・カハララウンジ」で港の夜景を満喫

❋料金❋
キング・ツイン
4万5454円〜
❋時間❋
IN15時 OUT12時

2023年9月24日、みなとみらいに「ヒルトン横浜」が開業

「Kアリーナ横浜」(☞P41) に隣接するホテルとして「ヒルトン横浜」がオープン。スイートを含め、客室は全339室。スペシャリティレストラン、オールデイダイニングなどを備えています。
MAP 付録P6D2

[山下公園]

はいあっと りーじぇんしー よこはま

ハイアット リージェンシー 横浜

異文化の融合を体現した客室

世界的に知名度の高いハイアットの横浜エリア初のホテル。開港の地にちなんで "East meets West" をコンセプトにデザインされた館内は、西洋のデザインと東洋の伝統美が融合した異国情緒感じる雰囲気が漂っている。

☎045-222-0100 住横浜市中区山下町280-2 交みなとみらい線日本大通り駅から徒歩3分 P108台 (22時間2000円) ●鉄筋21階建全315室 (うちスイート18) ●2020年5月開業 **MAP** 付録P10D3

ここに注目！

Hotelrooms

10〜17階に位置する「デラックスルーム」

「ハーバーキッチン」の朝食ブッフェは50種類以上の料理が並ぶ

港町らしい活気と異国情緒あふれるメインロビー

❖料金❖
2万2000円〜
❖時間❖
IN15時 OUT11時

横浜のホテル ●ハイクラスホテルに注目

[みなとみらい]

いんたーこんちねんたるよこはま ぴあ えいと

InterContinental Yokohama Pier 8

海上立地ホテルで船旅気分を

新港ふ頭にある「横浜ハンマーヘッド」(☞P20) 客船ターミナルに隣接し、国内でも希少な3方向を海に囲まれたホテル。船旅をテーマにした客室は開放感にあふれ、まるで海上から港町を眺めているような気分に浸れる。

☎045-307-1111 住横浜市中区新港2-14-1 交みなとみらい線馬車道駅から徒歩10分 P13台 (1泊2000円) ●鉄筋5階建全173室 (T66,D107,その他12) ●2019年10月開業 **MAP** 付録P8E3

Hotelrooms

パノラミックな風景が広がる「クラシック ヨコハマ ハーバービュー」

ここに注目！

海風を感じながらくつろげる宿泊者専用の「Rooftop 1859」

好きな場所で朝食などを楽しめる「Pier-nic (ピアニック)」

❖料金❖
5万円〜
❖時間❖
IN15時 OUT12時

※S=シングル、T=ツイン、D=ダブル、TR=トリプル。客室は2名利用時の1室料金、プランの料金は2名利用時の1名料金を表記 (変動あり)。

横浜港を眺めて過ごしたい
憧れのホテルでうっとりステイ

せっかくのお泊まりなら、景色もサービスもワンランク上のホテルを選びましょう。
友人同士のくつろぎステイにおすすめしたい宿泊プランもご紹介。

ベイブリッジを望める「エグゼクティブツイン ベイビュー」

みなとみらい

よこはまべいほてるとうきゅう
横浜ベイホテル東急

バルコニーで夜景を観賞

みなとみらい駅に直結する好アクセスで、「よこはまコスモワールド」(☞P40) の大観覧車を目の前に望める眺望満点のホテル。どの部屋も広々とした空間で、ゆったりとくつろげる。また、多くの部屋にバルコニーが設けられているため、港の風を感じながらダイナミックな夜景を堪能しよう。バスルームから夜景を眺められる部屋もある。

☎045-682-2222 住横浜市西区みなとみらい2-3-7 交みなとみらい線みなとみらい駅改札から徒歩1分 P1700台 (有料) ※街区共用●鉄筋25階建 全480室 (T394,D51,TR14、その他21) 1997年8月開業 MAP付録P9C2

1 ビューバス付きの部屋も 2 ラウンジ「ソマーハウス」はケーキなどのスイーツ730円〜も充実

※料金※
キング
7万7000円〜
ツイン
5万6000円〜
※時間※
IN15時 OUT11時

おすすめプラン
女子会プラン
Happy Party
Night

1万6500円〜
3名利用のみ ※通年 (除外日あり)
ケーキなどが盛り合わされたパーティープレートのルームサービス付き。(ドリンク別) 夜景を望むビューバスも。

駅から徒歩5分以内 リラクゼーション施設あり 客室インターネット アメニティ充実

みなとみらい

よこはま ぐらんど いんたーこんちねんたる ほてる

ヨコハマ グランド インターコンチネンタル ホテル

海辺に立つみなとみらいのシンボル

ヨットの帆を模した外観が印象的なラグジュアリーホテル。客室は横浜港を望むハーバービューとみなとみらいの街並みを望むシティビューがあり、どちらも横浜の絶景を楽しむことができる。

☎045-223-2300 🏠横浜市西区みなとみらい1-1-1 🚃みなとみらい線みなとみらい駅から徒歩5分 🅿1154台(有料) ●鉄筋31階建 🛏全594室(T384、D171、その他39)●1991年8月開業 MAP付録P8D2

1みなとみらい最先端に位置し、眺望が自慢 2海を望む客室は洗練されたくつろぎの空間

❊ 料 金 ❊
日によって変動
❊ 時 間 ❊
IN15時 OUT11時

おすすめプラン
アニバーサリー
パッケージ

6万6800円〜(1室2名利用)
同プラン限定のスペシャルディナーをルームサービスでゆったりと。

1全室にシモンズベッドを使用 2朝食はシリウス(☞P37)のブッフェ

おすすめプラン
スカイリゾート
フロア宿泊・
朝食付きプラン

平日1万3200円〜(金曜は1万5200円〜)、休前日2万700円〜
60〜64階の高層階、スカイリゾートフロアに宿泊、70階シリウスでの朝食が付く。

みなとみらい

よこはまろいやるぱーくほてる

横浜ロイヤルパークホテル

地上210m以上の絶景を堪能

横浜ランドマークタワーの高層階にあり、全ての客室で展望台から見るような美しい景色を一望できる。客室の位置により景色が異なり、北東側の部屋には横浜港のパノラマが観賞できる。南西側の部屋では富士山が見えることも。

☎045-221-1133 (9〜19時) 🏠横浜市西区みなとみらい2-2-1-3 🚃みなとみらい線みなとみらい駅から徒歩3分 🅿1400台(有料) ●鉄筋70階建 🛏全603室(T392、D191、その他20)●1993年9月開業 MAP付録P9B3

❊ 料 金 ❊
ダブル5万5935円〜
ツイン6万2150円〜
❊ 時 間 ❊
IN15時 OUT11時

山下公園

ほてるにゅーぐらんど

ホテルニューグランド

荘厳なクラシックホテル

昭和2年 (1927) に誕生し、マッカーサー元帥をはじめ、世界のVIPが滞在した歴史あるホテル。重厚な雰囲気の本館はクラシカルな建築を、タワー館は横浜港やみなとみらいの夜景を楽しむことができる。

☎045-681-1841 🏠横浜市中区山下町10 🚃みなとみらい線元町・中華街駅からすぐ 🅿118台(有料) ●本館5階建、タワー館18階建 🛏全238室●タワー館1991年7月開業 MAP付録P10E3

1ロビーへ続いている本館の大階段 2横浜らしい景色を一望できるツイン

❊ 料 金 ❊
タワー館
ツイン2万4035円〜
ダブル2万6565円〜
❊ 時 間 ❊
IN14時 OUT11時

おすすめプラン
ルームサービスディナー付!
Essence of New Grand
〜エッセンス オブ ニュー
グランド〜

平日2万8000円〜、金曜2万9000円〜、休前日3万2000円〜
ホテル発祥料理のシュリンプドリア、スパゲッティ ナポリタンがワンプレートで楽しめる。選べるホテル朝食もセット。

※S=シングル、T=ツイン、D=ダブル、TR=トリプル。ダブルとツインは2名利用時の1室料金、プランの料金は2名利用時の1名料金を表記(変動あり)。

横浜のホテル

眺望自慢のみなとみらいや、
観光の拠点に便利な横浜駅
周辺のホテルをご案内。

横浜駅

よこはまべいしぇらとん ほてるあんどたわーず

横浜ベイシェラトン
ホテル&タワーズ

横浜駅すぐの好ロケーション

好アクセスと洗練されたサービスや上質な空間が魅力。高層階フロアのシェラトンクラブに宿泊すれば、7〜22時の間にクラブラウンジが利用できる。**DATA**☎045-411-1111 🏠横浜市西区北幸1-3-23 ¥ダブル1万1187円〜、ツイン1万2120円〜 🕐IN15時、OUT12時 🚃JR横浜駅から徒歩1分 🅿230台(有料) ●鉄筋28階建 🛏348室(シングル141室ダブル97室その他110室) ●1998年9月開業 **MAP**付録P7B1

横浜駅

じぇいあーるひがしにほんほてるめっつ よこはま

JR東日本ホテルメッツ 横浜

気軽に利用できる駅近ホテル

セルフチェックイン機でスマートに宿泊手続きが可能。客室はシングルを中心に8タイプあり、観光にもビジネスにも便利な造り。朝食は館内の「ビストロカツキ」を利用でき、1500円。**DATA**☎045-317-0011 🏠横浜市神奈川区鶴屋町1-66-9 ¥ツイン1万6100円〜、ダブル1万3200円〜 🕐IN15時、OUT11時 🚃JR横浜駅からすぐ 🅿近隣駐車場利用500台(有料) ●鉄筋9階建 🛏174室(シングル142室、ツイン21室、ダブル11室) ●2020年6月開業 **MAP**付録P5B1

横浜駅

すかいすぱよこはま

スカイスパYOKOHAMA

宿泊が可能な都市型サウナ

寝湯やジャグジー、サウナなどを完備するスパ施設。宿泊利用も可能で、レディースプレミアムルームは半個室タイプ。**DATA**☎045-461-1126 🏠横浜市西区高島2-19-12 スカイビル14階 ¥レディースプレミアムルーム5500円〜、カプセルルーム(男性専用)5500円〜※いずれも入浴料含む 🕐IN14時、OUT12時 🚃JR横浜駅から徒歩5分 🅿スカイビルP400台(有料) ●鉄筋30階建 🛏61室(シングル61室) ●1996年10月改装 **MAP**付録P7C2 ※中学生未満は利用不可

みなとみらい

にゅーおーたにいんよこはまぷれみあむ

ニューオータニイン横浜プレミアム

ベイビューの感動夜景にうっとり

全館完全禁煙のスタイリッシュホテル。海側の全客室からは、みなとみらいの夜景を堪能できる。和・洋・中のバランスがとれた朝食バイキングも好評。**DATA**☎045-210-0707 🏠横浜市中区桜木町1-1-7 ¥ツイン3万1000円〜、ダブル3万4000円〜 🕐IN15時、OUT12時 🚃JR桜木町駅からすぐ 🅿483台(タイムズHULICみなとみらい駐車場利用※宿泊者割引あり) ●鉄筋19階建 🛏240室(ツイン163室ダブル77室※シングルなし) ●2010年3月開業 **MAP**付録P9B4

新高島

よこはまとうきゅうれいほてる

横浜東急REIホテル

快適なライフスタイルホテル

エントランスにはプロジェクションマッピング、ロビーには月のオブジェが浮かぶカウンターやコワーキングスペースがあり、近未来的な雰囲気。一方、客室はナチュラルテイストで、リラックスできる。**DATA**☎045-663-0109 🏠横浜市西区みなとみらい4-3-6 ¥ツイン3万3000円〜、ダブル2万円〜 🕐IN15時、OUT10時 🚃みなとみらい線新高島駅から徒歩2分 🅿64台(有料) ●鉄筋15階建 🛏234室(ツイン178室、ダブル54室、その他2室) ●2020年6月開業 **MAP**付録P9A1

馬車道

あぱほてるあんどりぞーと よこはまべいたわー

アパホテル&リゾート〈横浜ベイタワー〉

施設充実の超高層タワーホテル

大浴場・露天風呂やプール・フィットネス、5つのレストラン・カフェを完備したアーバンリゾートホテル。**DATA**☎0570-055-111 🏠横浜市中区海岸通5-25-3 ¥シングル1万1000円〜、ツイン1万7500円〜 🕐IN15時、OUT10時 🚃みなとみらい線馬車道駅から徒歩3分 🅿218台(有料) ●鉄筋35階建 🛏2311室(シングル593室、ツイン897室、ダブル773室、トリプル42室、その他6室) ●2019年9月開業 **MAP**付録P8D4

中華街

ろーずほてるよこはま

ローズホテル横浜

中華街に立つ異国情緒満点のホテル

オリエンタルな雰囲気の中、ラグジュアリーな空間を満喫できる。客室は全室ともセミダブルサイズのベッドを用意。館内では本格四川料理を味わえる。**DATA**☎045-681-3311 🏠横浜市中区山下町77 ¥ツイン1万9800円〜、ダブル2万3100円〜 🕐IN15時、OUT11時 🚃みなとみらい線元町・中華街駅からすぐ 🅿80台(有料) ●鉄筋10階建 🛏184室(ツイン161室ダブル18室その他5室※シングルなし) ●1981年9月開業 **MAP**付録P14D1

🚉駅から徒歩5分以内 🛀リラクゼーション施設あり 💻客室インターネット 🧴アメニティ充実 ※ツインまたはダブルのシングルユースあり

今日はちょっぴり遠足気分
ひと足のばして横浜の郊外へ

海の仲間達が出迎えてくれる八景島シーパラダイス。
珍しい動物に出あえるよこはま動物園ズーラシア。
美しい和の風景に心ほどける名勝・三溪園。
横浜の郊外にも魅力あるみどころが揃っています。

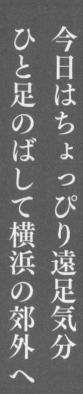

海の仲間が迎えてくれる
横浜・八景島シーパラダイスへ

見学所要
約3時間30分

横浜駅から電車で約40分の八景島は、海に浮かぶ複合型レジャー施設。
海の仲間に出合える4つの水族館を中心に、お楽しみがいっぱいのスポットです。

5万尾のイワシの大群
が遊泳する大水槽

ココで
見られるヨ

1 アクアミュージアム

700種類、12万点もの生きもの
が集まる日本最大級の水族館。
ショーが行われるアクアスタジア
ムや、レッサーパンダに合えるフ
ォレストリウム、身近な生きものを
研究するスポットもある。

よこはま・はっけいじましーぱらだいす
横浜・八景島シーパラダイス

海の生きものとふれあえる
1日遊べるリゾートへ

東京湾に浮かぶ入島無料の島に、水族館、ア
トラクション、飲食店、ショップ、ホテルなどが
集結。目玉は4つの水族館で構成されるアクア
リゾーツ。多彩な海の生きものを見られるだ
けでなく、ふれあい体験やプロジェクションマ
ッピングを駆使したイルカのナイトショーも楽
しめる。サーフコースターなどが揃うプレジャ
ーランドや、飲食店エリアも充実しており、1日
中遊べるスポットだ。

☎045-788-8888 ⏹横浜市金沢区八景島 ¥入
島無料。アクアリゾーツパス(4水族館パス)3300円、ワ
ンデーパス(4水族館+アトラクションフリー)5600円ほ
か(季節により変動)⏹水族館10〜17時(土・日曜、祝
日は〜18時)、プレジャーランド11〜17時(土・日曜、祝日
は〜18時)※施設、季節により異なる ⏹無休 ⏹横浜
駅から京急行線(快特)で20分、金沢八景駅下車。
シーサイドラインに乗り換え7分、八景島駅下車すぐ
⏹4000台(有料)⏹⏹付録P2D4

ホッキョクグマ

泳いだり寝ていたりする姿を見られる

ペンギン

オウサマペンギンなど5種類が生息

クラゲ

ミズクラゲをはじめ10種類以上展示

コツメカワウソ

「フォレストリウム」では握手体験も実施
(¥1回400円、要事前予約)

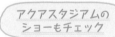

アクアスタジアムの
ショーもチェック

イルカやペンギンなど水族館の人気も
のたちが生態や特性を生かしたパフォー
マンスを繰り広げる。1日4回、各20分間。

ダイナミックなジャンプに拍手喝采!

レストランプラザでランチ＆休憩
ゆっくり食事できるレストランから
テイクアウトグルメの店まで揃ってい
ます。「Seafood&Grill YAKIYA」は、
手ぶらで本格バーベキューを楽し
めます。¥1人2900円〜。

2 ドルフィンファンタジー

イルカや色とりどりの魚たちが泳
ぐアーチ水槽は、まるで海底散歩
しているかのような感覚に。円柱
水槽ではマンボウが見られる。

太陽の光がキラ
キラと降り注ぐ
アーチ水槽

イルカとあくしゅ＆ごはん
●要事前予約 ¥800円所要約
20分 1日1回（各回30名）実
施エリア：ホエールオーシャン

ココで
ふれあえる

4 ふれあいラグーン

高さが低い水槽や広場で、
海の生きものたちとコミュ
ニケーションが取れるエリ
ア。ふれあいプログラムは
WEB事前予約制で有料。

**コツメカワウソの肩
乗りフォト**
●要事前予約 ¥1組1500
円（最大4名）所要約5分
1日1回（各回12組）実施
エリア：プログラムスタジオ

3 うみファーム

「海育」がコンセプトの水族館。魚
釣り体験が人気で、釣った魚は「う
みファームキッチン」で調理しても
らえる。マアジ1尾390円など。

人気の魚釣りはフィ
ッシャーマンズオア
シス（¥入場500
円）で

プレジャーランドもあるヨ

海上を走行するサーフコースターや日本最大級の巨大立
体迷路デッ海、シーボートなど、16種類のアトラクション
が揃う。ゲームなどのアミューズメントも豊富。

チューブ型の
ボートで急流
を下るアクアラ
イドII

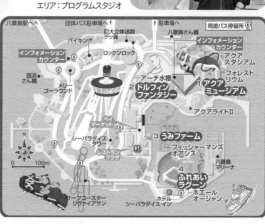

緑あふれるズーラシアへ
珍しい動物にあいに行きます

見学所要
3時間

世界の野生動物を飼育している動物園・ズーラシア。
オカピなどの希少な動物をはじめ100種以上が生育しています。

よこはまどうぶつえんずーらしあ
よこはま動物園
ズーラシア

動物たちが自然に近い姿で暮らす

オカピやゴールデンターキンなどの珍しい動物をはじめ、約100種、600点以上の動物が暮らす、広さ約45.3haもの国内最大級の都市型動物園。園内は動物が暮らす地域と気候環境を再現した8つのゾーンからなり、モートと呼ぶ大きな溝で飼育スペースが区切られている。そのため柵が少なく、ゆったりと観察できる。

☎045-959-1000 🏠横浜市旭区上白根町1175-1 ¥入園800円 🕘9時30分〜16時30分（入園は〜16時）休火曜（祝日の場合は開園、翌日休園）、臨時開園あり 🚃JR横浜線・横浜市営地下鉄中山駅、または相鉄線鶴ヶ峰駅・三ツ境駅からこはま動物園行きバスで15分、終点下車すぐ 🅿2200台（1回1000円）MAP付録P3B2

人気の希少動物オカピは実はキリンの仲間。アフリカの熱帯雨林ゾーンで出合える

❶ アジアの熱帯林

ヤシの木をはじめ、緑が生い茂る雰囲気満点のゾーン。絶滅危惧種も暮らしている。

アカアシドゥクラングール
世界で最も美しいといわれるサル。木の葉や果物を主食とする。

❷ 亜寒帯の森

ヒマラヤの山岳地帯や亜寒帯の針葉樹林を演出。ウォークインバードケージではギンケイなどを間近で見学できる。

ゴールデンターキン
中国の中央山岳地帯の高地に生息し、中国ではパンダと並ぶ保護動物。

❸ オセアニアの草原

オーストラリアの乾燥した草原をイメージ。2種類のカンガルーが展示されており、生態の違いを見比べられる。

セスジキノボリカンガルー
ニューギニア島に分布し、樹上に棲むカンガルー。絶滅の危機に瀕している。

ドール
アジアに分布し、森林に生息するイヌの仲間。別名アカオオカミ。

夜の動物園を探検しましょ
毎年8月の土・日曜、祝日に開催する「ナイトズーラシア」では20時30分まで延長開園。昼の入園からそのまま参加でき、夜になると活発に動く動物の姿を見学できます。

④ 中央アジアの高地

中国の山岳地帯やモンゴルの草原、砂漠を模した場所。テングザルやチベットモンキーなど希少な動物を展示。

⑤ 日本の山里

民話の世界をイメージし、日本の里山を演出。ホンドタヌキなどの身近な動物や国の特別天然記念物のコウノトリも。

⑥ アマゾンの密林

木々がうっそうと茂るエリアはまさにアマゾン川流域のジャングル。メガネグマの棲むアンデス山脈ふもとの湿潤な地帯を演出。

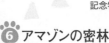

ヤブイヌ
アルゼンチンやブラジルなどの湿潤林に生息。群れで行動する。

マーキングの際、オスは片足を上げメスは逆立ちで行う習性が。

ニホンツキノワグマ
胸の三日月形の白い斑紋が特徴。下北半島以南の日本列島に生息する。

⑦ アフリカの熱帯雨林

アフリカ大陸中央部の熱帯雨林のエリア。オカピやアカカワイノシシが暮らし、チンパンジーの森も見ごたえあり。

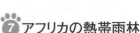

エランド
ツノ先まで高さ2m以上、体重500kgを超すウシ科の大型動物。キリン、シマウマとのスリーショットに注目。

⑧ アフリカのサバンナ

広々とした草原エリアでは肉食動物のチーターと、キリンやシマウマ、エランドといった草食動物を混合展示。モートを隔ててライオンやクロサイも。

チンパンジー
オスとメス、子どもを含む数10頭の群れで生活。二足歩行をすることも。

☀ **キュートなアニマルアイテムを発見** ☀
アニマリウムシリーズ（値段は要問合せ）
飼育員監修のぬいぐるみ。各ギフトショップで販売。

📖 飼育員による動物の面白話を楽しめる「飼育員のとっておきタイム」は無料で参加可。時間は公式サイトや園内配布のイベントガイドで確認を。

心を癒やす和の風景が広がる
国の名勝・三溪園をおさんぽ

散策所要
1時間30分

明治〜大正時代にかけて造園された三溪園では、四季折々の和の景観が楽しめます。
国の重要文化財に指定された古建築を堪能しながら美しい庭園を散策しましょう。

＋

さんけいえん
三溪園

17棟の歴史的建造物を
鑑賞しながら庭園散策

原三溪により約20年をかけて造園され、明治39年（1906）に一般公開された日本庭園。約17万5000㎡の敷地は内苑と外苑に分かれており、京都や鎌倉などから移築した歴史的建造物が点在。そのうち、10棟が国の重要文化財、3棟が横浜市の有形文化財に指定されている。園内の三溪記念館では三溪直筆の書画やゆかりの作家の美術品を鑑賞できる。

☎045-621-0634 🏠横浜市中区本牧三之谷58-1 💴入園700円 🕐9〜17時（最終入園は16時30分）🈺無休 🚌横浜駅（東口）から市営バス8・168系統で40分、三溪園入口下車、徒歩5分 🅿60台（有料）
MAP 付録P2E3

旧燈明寺三重塔を遠景に、大きな池を配した美しい庭園

Who is 原三溪

慶応4年（1868）、岐阜県で生まれ、横浜で生糸の売込を生業とする原商店に婿入り後、実業家として成功。古建築や美術品の収集家としても知られ、芸術家の支援・育成も行った。

三溪園季節の花ごよみ

【春】	【夏】	【秋】	【冬】
3月下旬〜4月上旬	5月上旬〜9月上旬	9月上旬〜9月下旬	12月中旬〜1月中旬
サクラ	スイレン	ハギ	スイセン
4月下旬〜5月上旬	5月下旬〜6月中旬	9月中旬〜9月下旬	1月下旬〜2月下旬
フジ	ハナショウブ	ヒガンバナ	ツバキ
4月下旬〜5月中旬	7月中旬〜8月中旬	11月中旬〜12月中旬	2月中旬〜3月上旬
ツツジ	ハス	モミジ	ウメ

ハスの花は外苑の蓮池で見られる

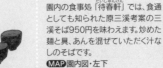
園内を巡ってみましょう

原三溪考案の
汁なしそばを

園内の食事処「待春軒(たいしゅんけん)」では、食通としても知られた原三溪考案の三溪そば950円を味わえます。炒めた麺と具、あんを混ぜていただく汁なしのそばです。
MAP園内図・左下

＼ココに注目！／
欄間
天楽の間の欄間(らんま)には雅楽に使われる楽器があしらわれている。

横浜市指定有形文化財

2 りんしゅんかく
臨春閣

慶安2年(1649)建造の紀州徳川家の別荘、巌出御殿と伝わる建物。内部の特別公開の時は、襖絵や数寄屋風の意匠が間近で見られる。

国指定重要文化財

1 ごもん
御門

正門から約300m歩くと京都の西方寺から移築された薬医門にたどり着く。宝永5年(1708)ごろの建造と伝わる門。

徒歩1分

徒歩5分

3 ちょうしゅうかく
聴秋閣

元和9年(1623)、徳川家光が二条城内に建てたと伝わる楼閣建築。後に、家光の乳母であった春日局に与えられた。

徒歩10分

国指定重要文化財

＼ココに注目！／
瓦の刻印
瓦には江戸時代の改名前の名称、東明寺の刻印が見られる。

4 きゅうとうみょうじさんじゅうのとう
旧燈明寺三重塔

室町時代の康正3年(1457)に京都で建てられた塔は、現在関東にある木造の塔では最古。園内のどこからでも見えるシンボル的存在。

国指定重要文化財

徒歩10分

＼ココに注目！／
合掌造の屋根
特徴的な茅葺屋根の合掌造(がっしょうづくり)。屋根の妻側にある火灯窓も必見。

国指定重要文化財

5 きゅうやのはらけじゅうたく
旧矢箆原家住宅

岐阜県の白川郷から移築された民家。園内で唯一、通年内部を公開し、囲炉裏や飛騨地方の古い民具を見学できる。

本牧市民公園
内苑
南門　春草廬　③聴秋閣　天授院
湖心亭　　　　　　　　　金毛窟
上海横浜友好園　旧天瑞寺寿塔覆堂　月華殿
　　　　　　蓮華院　藤棚　②臨春閣
　　　梅林(緑萼梅)　　　白雲邸
松風閣　外苑
　　　出世観音　雁ヶ音茶屋　三溪記念館　①御門
旧東慶寺仏殿　旧燈明寺三重塔④　三溪園茶寮
　　梅林(臥竜梅)　　　　　　鶴翔閣
　　林洞庵　　　　　　　睡蓮池
横笛庵　　　　　　　　　藤棚
　　　　　　⑪待春軒　涵花亭　藤棚
⑤旧矢箆原家住宅　　　　大池
　　　　旧燈明寺本堂　観心橋　蓮池
　　トイレ　　　　三溪園天満宮
⑪身障者用トイレ　⑫公衆電話　　八つ橋　藤棚
🅘案内所　⑪飲食店
コインロッカー　　　　　正門

ひと足のばして●三溪園

交通ガイド

横浜へのアクセス

全国各地から横浜への交通は、神奈川県最大のターミナル・横浜駅を利用するのがポイント。
鉄道や高速バス利用、飛行機利用の場合も横浜駅を経由して、各エリアに行くことができる。

鉄道

主要都市からなら新幹線を利用して、東京駅または新横浜駅で下車し、JR、地下鉄などを利用
して横浜駅へ。関東周辺からはJRの横浜まで乗り入れする列車を利用するのが便利。

▶ 主要都市から東京・横浜へ

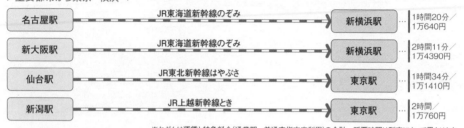

名古屋駅	JR東海道新幹線のぞみ	新横浜駅	1時間20分／1万640円
新大阪駅	JR東海道新幹線のぞみ	新横浜駅	2時間11分／1万4390円
仙台駅	JR東北新幹線はやぶさ	東京駅	1時間34分／1万1410円
新潟駅	JR上越新幹線とき	東京駅	2時間／1万760円

※ねだんは運賃と特急料金(通常期、普通車指定席利用)の合計。所要時間は列車によって異なります。

▶ 関東周辺から横浜へ

大宮や高崎、前橋(高崎線方面)や宇都宮(東北線方面)からなら、湘南新宿ラインや上野東京ラインを利用すれば乗り換
えなしで横浜駅までいける。比較的本数も多いので便利。

高速バス

横浜へは各地から高速バスも運行されている。鉄道に比べ料金が安く、5000円台くら
いから乗り換えなしで行かれるので便利。夜行便利用なら時間も節約できる。

▶ おもな夜行便(※運行日要確認)

出発地	行き先	バス会社・愛称	便数	所要時間
仙台駅東口	横浜駅東口(YCAT)	JRバス東北「ドリーム仙台・新宿/横浜号」	1日1便	7時間
名古屋駅新幹線口	横浜駅東口(YCAT)	JR東海バス「ファンタジア号なごや」	1日1便	7時間
大阪駅JR高速バスターミナル	横浜駅東口(YCAT)	西日本JRバス「青春ドリーム横浜号」	1日1便	9時間57分

アクセスをおトクにするためのヒント

「エクスプレス予約」や「えきねっと」で早めに予約購入するのがポイント!

スマートフォンでも利用できる会員制のネット予約サービスを使うと会員価格のお得な料金で、乗車することが
でき、予約の変更も手数料なしでできる。詳細は公式サイトで調べてみよう。

●「早特」

東海道・山陽・九州新幹線の会員制ネット予約サービ
スには、お得な会員価格で乗車日当日まで予約できる
「エクスプレス予約」や、会員登録のみで年会費無料の
「スマートエクスプレス予約」がある。いずれも席数・
区間限定、設定除外日(GWやお盆、年末年始など)あ
りだが、早めの予約でお得になる「早特商品」、「早特
21ワイド」(乗車21日前までの予約)、「EX早特」(乗車
3日前までの予約)などがある。

●「トクだ値」

JR東日本のネット予約サービス「えきねっと」を利用
してきっぷを購入すると、列車、席数、区間限定で割
引きっぷが買える。乗車当日まで割引になる「えきね
っとトクだ値」のほか、13日前までの申し込みで25
〜40%割引になる「お先にトクだ値」、期間限定だけ
ど20日前までの申し込みで50%割引になる「お先にト
クだ値スペシャル」などがある。

主要駅＆観光スポット へのアクセス

みなとみらいや中華街など、横浜の観光スポットは横浜駅～山手エリアの海沿いに点在している。
みなとみらい線やJR根岸線をはじめ、便利なのりものも使って効率的に回ろう。

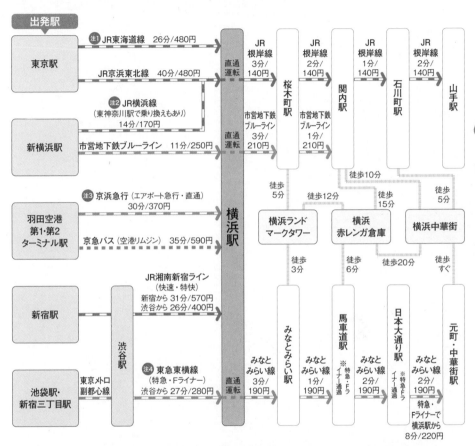

出発駅

東京駅
- 注1 JR東海道線　26分/480円
- JR京浜東北線　40分/480円
- 注2 JR横浜線（東神奈川駅で乗り換えもあり）14分/170円

新横浜駅
- 市営地下鉄ブルーライン　11分/250円

羽田空港第1・第2ターミナル駅
- 注3 京浜急行（エアポート急行・直通）30分/370円
- 京急バス（空港リムジン）35分/590円

新宿駅 / **渋谷駅**
- JR湘南新宿ライン（快速・特快）新宿から31分/570円　渋谷から26分/400円

池袋駅・新宿三丁目駅
- 東京メトロ副都心線 — 注4 東急東横線（特急・Fライナー）渋谷から27分/280円

横浜駅（直通運転）

- 桜木町駅：JR根岸線 3分/140円／市営地下鉄ブルーライン 3分/210円
- 関内駅：JR根岸線 2分/140円／市営地下鉄ブルーライン 1分/210円
- 石川町駅：JR根岸線 1分/140円
- 山手駅：JR根岸線 2分/140円

- みなとみらい駅：みなとみらい線 3分/190円
- 馬車道駅：みなとみらい線 1分/190円
- 日本大通り駅：みなとみらい線 2分/190円 ※特急・Fライナー通過
- 元町・中華街駅：みなとみらい線 2分/190円 ※特急・Fライナー通過／特急・Fライナーで横浜駅から8分/220円

- 横浜ランドマークタワー（桜木町駅から徒歩5分）
- 横浜赤レンガ倉庫（桜木町駅から徒歩12分／関内駅 徒歩10分）
- 横浜中華街（山手駅から徒歩5分）
- みなとみらい駅から横浜ランドマークタワー 徒歩3分
- 馬車道駅から横浜赤レンガ倉庫 徒歩6分
- 日本大通り駅 徒歩20分／徒歩15分
- 元町・中華街駅から横浜中華街 徒歩すぐ

注1 東京駅からはJR東海道線が早くてオススメ

JR京浜東北線は停車駅が多いのでより時間がかかる。JR横須賀線も横浜駅を通るが、東京駅地下ホームから発車するので東京駅構内の乗り換えに時間がかかる。

注2 新横浜駅からはJR横浜線の利用がスムーズ

横浜線で横浜駅に行くにはひと駅手前の東神奈川駅で乗り換えが必要な電車もある。「みなとぶらりチケットワイド」（→P124）利用なら、地下に降りて市営地下鉄で。

注3 羽田空港からは横浜駅直通の京浜急行「エアポート急行」を利用

「エアポート急行」は約10分ごとの運行で、横浜駅まで乗り換えなし。空港リムジンバスも便利で横浜駅東口（YCAT）行きのほか、山下公園、みなとみらい地区を通る赤レンガ倉庫行きもある。

注4 渋谷方面からは東急東横線を利用

渋谷からは、みなとみらい線元町・中華街駅まで直通運転している東急東横線が便利で、「東急線みなとみらいパス」（→P124）が利用できる。東急東横線は東京メトロ副都心線と直通運転している。西武池袋線・東武東上線からの直通もある。

横浜でのアクセス

横浜駅からおもな観光スポットが続く海沿い
に、みなとみらい線、JR線、市営地下鉄が並
行して走っていて、市営バス路線も充実してい
る。そのほか「あかいくつ」バスや船、ロープウ
エイなど横浜らしい移動手段も楽しめる。

横浜おもなバスルート・交通マップ

 鉄道

3本の鉄道線がある。行きたいエリアや横浜までのアプロー
チによって乗り換えを考えて選びたい。

●みなとみらい線
一番海側を走っているのがみなとみらい線で、東京メトロ、東急東
横線と渋谷駅方面から直通運転がある。どの駅も地下深くにある。

●JR線（京浜東北線、根岸線直通）
横浜駅までJR利用で来た場合は、続けてJRを利用したほうが乗り
換えがスムーズ。桜木町駅には案内所もあって便利。山手地区に行
く場合は石川町で下車。

●横浜市営地下鉄ブルーライン
横浜駅から関内駅までほぼJR線と並行してる。新横浜駅からみな
とみらいに直行するなら乗り換えなしで桜木町まで行ける。元町、
中華街に行く場合は不向き。

 バス

市内を網羅する路線バスのほか、観光周遊バス「あかいくつ」や「BAYSIDE BLUE(ベイサイドブルー)」など乗車す
ること自体を楽しめるバスもあるので上手に利用したい。

お得なきっぷ

●ワンコインでみどころを網羅
みなとぶらりチケット
（横浜市交通局）500円　市営地下鉄横浜駅
〜伊勢佐木長者町駅間と、「あかいくつ」など
ベイエリアの市営バスが1日乗り降り自由。新
幹線利用なら、新横浜駅まで地下鉄に乗れる
「みなとぶらりチケットワイド」550円を。ス
マホで買えるデジタル版もある。
　[発売箇所] フリーエリア内の地下鉄各駅、一部
　　　　　市営バス車内

●バスと電車で広いエリアを回れる
横浜1DAYきっぷ
（京浜急行）品川駅から1120円・横浜駅か
ら840円ほか　京急線各駅からの往復に、京
急線横浜駅〜上大岡駅間、みなとみらい線全
線、市営地下鉄横浜駅〜上大岡駅間（一部乗
降不可）、「あかいくつ」などベイエリアの
市営バスの1日フリー乗車券のセット。
　[発売箇所] フリー区間内を含む京急行線各駅
　　　　　（泉岳寺駅を除く）

●東急沿線からみなとみらい線へ
東急線みなとみらいパス
（東急電鉄）渋谷駅から870円ほか　東急
電鉄各駅（一部を除く）から
横浜駅までの往復に、みなとみらい線の一日乗車券をセット。元町・
中華街駅まで往復すればモトが取れるお得なきっぷ。
　[発売箇所] 東急電鉄各駅（横浜駅、世田谷線、こどもの国線の各駅を除く）

●ベイエリア散歩のおともに
みなとみらい線一日乗車券
（みなとみらい線）460円　みなとみらい線全線が1日乗り降り自由。
横浜駅〜元町・中華街間は片道220円なので、1往復＋途中下車
1回で通常運賃より安くなる。沿線の主な観光施設の割引特典あり。
　[発売箇所] みなとみらい線の各駅の券売機、横浜市内の一部ホテルなど

●JR京浜東北線（根岸線）・みなとみらい線に乗るなら
ヨコハマ・みなとみらいパス
（JR東日本）530円　JR根岸線（京浜東北線・横浜線が直通）の横浜
駅〜新杉田駅間の普通列車と、みなとみらい線全線が1日乗り降り自
由。観光やショッピングに便利。
　[発売箇所] フリー区間内のJR根岸線各駅

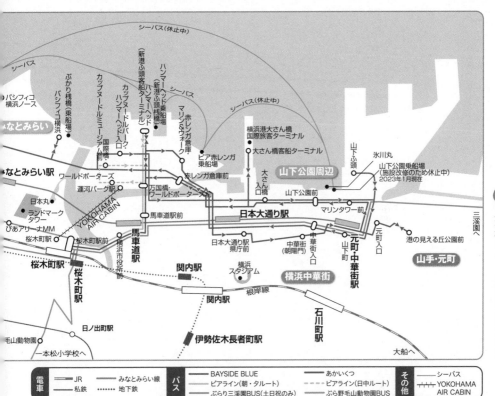

| 電車 | —— JR
—— 私鉄 | —— みなとみらい線
‥‥‥ 地下鉄 | バス | —— BAYSIDE BLUE
—— ピアライン(朝・タルート)
—— ぶらり三溪園BUS(土日祝のみ) | —— あかいくつ
‐‐‐ ピアライン(日中ルート)
—— ぶら野毛山動物園BUS | その他 | —— シーバス
┼┼┼ YOKOHAMA
AIR CABIN |

🚃 便利なのりもの

●日本初の都市型ロープウェイ
YOKOHAMA AIR CABIN (→P30)

横浜に登場した世界最先端の交通機関・都市型循環式ロープウェイ。JR桜木町駅前と新港地区・ワールドポーターズ脇の運河パーク駅の間を、眼下の景色を楽しみながら運河を越えて約5分で結ぶ。運賃は1000円(往復1800円)で、WEBチケットの事前購入も可能。点検整備のため定休日あり。

●海上散歩も楽しめる
シーバス (→P31)

横浜駅東口(横浜ベイクォーター)〜ハンマーヘッド(新港ふ頭桟橋)〜、ピア赤レンガ間を結ぶ海上アクセス。山下公園乗り場は当面の間休航中。横浜駅東口〜ピア赤レンガ間は直行便で15分、寄港便で25分。1時間に1〜2便の運航で、横浜駅東口〜ハンマーヘッド700円、〜ピア赤レンガ800円。新型コロナウイルス感染症等のため、予告なく休航の場合あり。

●ベイエリアの観光地を巡るバス
BAYSIDE BLUE (ベイサイドブルー)

横浜駅東口から山下ふ頭までの水際線沿いの主要な施設を結び(上図参照)、ベイエリアの新たな交通の軸として登場した連接バス。30分ごとの運行で、1回乗車220円。PASMOやSuicaなどの交通系ICカードでも乗車できる。

●桜木町方面から赤レンガ・関内を結ぶ周遊バス
あかいくつ

桜木町駅から横浜ハンマーヘッドや横浜赤レンガ倉庫、横浜中華街、港の見える丘公園、山下公園、大さん橋などを周遊(上図参照)する観光路線バス。赤いレトロ調の車体で、平日は30分ごと、土・日曜、祝日は15分ごとの運行だ。1回乗車220円。PASMOやSuicaなどの交通系ICカードでも乗車できる。

●桜木町方面から横浜ハンマーヘッドを結ぶ市営バス
ピアライン

桜木町駅と横浜ハンマーヘッドを結ぶ、白地にブルーのラッピングの市営バス。ほぼ30分ごとの運行で、日中のみワールドポーターズと国際橋・カップヌードルミュージアム前を経由する。1回乗車220円。PASMOやSuicaなどの交通系ICカードでも乗車できる。

INDEX さくいん

横浜 中華街

🏛 観光みどころ　🎡 プレイスポット　🍴 レストラン・食事処　☕ カフェ・喫茶　🍺 居酒屋・BAR　🛍 みやげ店・ショップ　🏨 宿泊施設　♨ 立ち寄り湯